Uwe Klein

Lass Deine Wut jetzt los

Aggressionen abbauen und gelassener
werden

© tao.de in J. Kamphausen Mediengruppe GmbH, Bielefeld

1. Auflage 2016

Autor: Uwe Klein
Umschlaggestaltung, Illustration: tao.de
Umschlaggrafik: pixabay.de

Printed in Germany

Verlag: tao.de in J. Kamphausen Mediengruppe GmbH, Bielefeld,
www.tao.de, eMail: info@tao.de

Bibliografische Information der Deutschen Nationalbibliothek: Die Deutsche
Nationalbibliothek verzeichnet diese Publikation in der Deutschen Natio-
nalbibliografie; detaillierte bibliografische Daten sind im Internet
über http://dnb.d-nb.de abrufbar.

ISBN Hardcover: 978-3-96051-102-1
ISBN Paperback: 978-3-96051-101-4
ISBN e-Book: 978-3-96051-103-8

Inhaltsverzeichnis

Teil 1: Aggressionen abbauen

Ähnlich wie es niemals möglich sein wird, nicht zu kommunizieren, werden nicht aggressive Handlungen im Alltag nie ausbleiben. Folglich gehören Aggressionen zum menschlichen Leben dazu und es liegt in der Hand jedes Einzelnen, eigene Anti-Aggressions-Methoden zu entwickeln. Hierzu halten die Literatur und das Internet eine ganze Reihe an seriösen Vorschlägen bereit. Bevor jedoch eine engere, ganz persönliche Auswahl getroffen wird, ist es hilfreich, sich mit dem Wesen der Aggression auseinanderzusetzen. Auf diese Weise kann es gelingen, eigene aggressive Verhaltensweisen zu verstehen und je nach individuellen Charaktereigenschaften auf die richtige Spur zu kommen. Ein genauer Blick ist diesbezüglich empfehlenswert, denn im anderen Fall kann es passieren, dass angestaute Aggressionen auf die falsche Art ausgelebt werden. Fachkräfte raten dazu, einen Blick hinter die Kulissen in Richtung Emotionen zu werfen. Von da aus kann es gelingen, mit eigenen Aggressionen richtig umzugehen beziehungsweise diese schrittweise abzubauen und darüber hinaus Stresssituationen zu vermeiden. Mithilfe der passenden Methode kann diese Herausforderung zeitnah und effektiv funktionieren.

Was genau sind Aggressionen?

Der Begriff Aggression lässt sich vom lateinischen "aggredi" herleiten. Dieses Wort beschreibt eine Tätigkeit, die auf jemanden oder etwas losgeht oder zugeht. Im weiteren Sinne lässt sich der Begriff durch angreifen oder überfallen übersetzen. Sobald sich jemand angegriffen oder wütend fühlt, entstehen Aggressionen. Biologen beschreiben Aggressionen als ein Phänomen, das ebenso im Tierreich als auch bei Menschen zutage tritt. Auf der einen Seite gibt es innerartliche Aggressionen. Andererseits gibt es zwischenartliche Aggressionen, diese finden beispielsweise zwischen verschiedenen Tierarten statt. Beim Menschen handelt es sich hierbei um Auseinandersetzungen zwischen zwei verschiedenen Nationen oder auch Clans. Diese Art von Verhalten gab es bereits in der Steinzeit.

Eine traumhafte Idylle von vermeintlich friedlichen Jägern und Sammlern gab es in keinem Moment der menschlichen Geschichte. Unabhängig vom Lebensraum oder auch der Klimazone, wo menschliches Leben existierte gab es stets Clans, familiäre Zusammenschlüsse und klar definierte Terrains, welche das Alltagsleben in der freien Wildnis etwas vereinfachten. Auf diese Weise wusste jeder genau, wo die Grenzen lagen und schlussendlich sicherten sich die Kulturen ihr Überleben.

Gejagt und gesammelt wurde ausschließlich im eigenen Terrain. Ausnahmen gab es immer. Diese mussten jedoch mit den Nachbarn ausgehandelt werden. Nicht selten kam es dabei auch zu Streitigkeiten. Konflikte entstanden und wurden direkt ausgetragen. Aggressive Handlungen sicherten vor vielen Tausend Jahren quasi das Überleben der gesamten Menschheit. An dieser Stelle gilt es jedoch genau zu unterstreichen, dass es sich hierbei zum Großteil um essenzielle Bausteine des Überlebens handelte. Entsprechend sind die damaligen Streitigkeiten nicht mit heutigen Kriegen zu vergleichen.

Einerseits galten zu damaligen Zeit, ebenso wie heute noch im Tierreich zu beobachten, quasi ungeschriebene Gesetzte. Innerartliche Aggressionen wurden stets so ausgetragen, dass die Person gegenüber nicht ernsthaft verletzt oder gar getötet wurde. Oft genügte hierbei eine ernsthafte Drohung oder ähnliches. Im Gegensatz dazu kam es bei zwischenartlichen Konflikten auch zu Mord, welche jedoch stets in anschließende Rituale eingebettet wurde.

Heute dominieren Menschen die Technik. Entsprechend nehmen aggressive Auseinandersetzungen teilweise monströse Charaktere an. Diese enden nicht selten in einer totalen Vernichtung.

An dieser Stelle lohnt sich ein genauer Blick auf den eigentlichen Begriff "Aggression". Was genau steckt hinter diesem oft verwendeten Wort? Psychologen und Pädagogen definieren Aggression wie folgt: Es handelt sich bei diesem Konstrukt um ein Verhalten, was darauf abzielt, andere Lebewesen zu verletzen oder Gegenstände zu beschädigen. Grundsätzlich sind Aggressionen als bewusste oder auch unterbewusste Handlungen anzusehen, die dazu dienen, interne Spannungen aufzulösen.

Reizbarkeit und Aggression: Was ist der Unterschied?

Der grundlegende Unterschied beider Begriffe besteht darin, dass Reizbarkeit (Erregbarkeit) quasi die Vorstufe der Aggression ist. Je nach Charaktereigenschaft, Gesundheitszustand, Umweltreize und dem sozialen Umfeld kann der Übergang zwischen Reizbarkeit und Aggression mehr oder weniger lang sein.

Sehr oft kommt es vor, dass bei Männern der Übergang zwischen beiden emotionalen Gemütszuständen sehr kurz ist. Ärzte beschreiben eine Überbelastung des Nervensystems als unnatürliche Reizbarkeit. Aufgrund zu vieler Reize wird die neuronale Verarbeitung im Gehirn überlastet. Vorrangig werden diese internen als externen Reize durch Sinnesorgane aufgenommen. Fachärzte unterscheiden bei entsprechenden Stresssymptomen zwei drei verschiedene Grundursachen:

* negative Umweltreize:
grelles Licht, anhaltender Lärm (beispielsweise auf Baustellen, durch Flugzeuge oder Kinder)

* soziale Reize:
Probleme (beruflich oder privat), Ängste (unter anderem auch existenzieller oder beruflicher Natur) oder Beziehungsprobleme

* Krankheiten:
ADHS (Aufmerksamkeitsdefizit- oder Hyperaktivitätsstörung), Angststörung, Borderline-Syndrom , Burnout-Syndrom, Depressionen, dissoziale Persönlichkeitsstörung, Kinderlähmung, Nikotinabhängigkeit (Nikotinsucht), Psychopathie

Unterschiedliche Formen von Aggressionen

* Physische Aggressionen
Es gibt verschiedene Arten von Aggressionen. Die körperliche (physische) Form geht mit offensichtlicher Gewalt einher. In diese Kategorie gehört die Partnerschaftsgewalt (Schlagen, Treten), sexueller Missbrauch, Gewalt auf dem Schulhof, Übergriffe auf Patienten in Krankenhäusern beziehungsweise Pflegeeinrichtungen oder Ähnliches. Auch zählen hierzu verschiedene Gewaltausprägungen gegenüber unbelebten Objekten. Immer wieder berichten beispielsweise Tageszeitungen von Vandalismus (Sachbeschädigung) oder auch von Verschmutzungen öffentlicher Plätze. Oft kommen tatsächliche Handlungen genau dann zum Einsatz, wenn Betroffene ihre Anliegen nicht verbal vermitteln können.

* Psychische Aggressionen
Zu dieser Sparte gehören aggressive Verhaltensweisen, die sich vorrangig verbal oder auch nonverbal ausdrücken. Hierbei geht es stets gegen andere Personen, die nicht in das eigene Schema hineinpassen. So werden psychische Aggressionen

deutlich, indem Vorwürfe, Abwertungen, Vorwürfe, Beschimpfungen, Drohungen, Demütigungen, Streitereien, üble Nachrede, Ignoranz, Ausgrenzung, sexuelle Anspielungen oder auch eine abwertende Gestik beziehungsweise Mimik gegenüber Dritten dargestellt werden. Aktuell spielt beispielsweise Mobbing eine wichtige Rolle in Bezug auf ein positives Arbeitsklima, in Schulen oder Kitas.

* Verdeckte Aggressionen
Eine nicht sichtbare Form von Aggression ist die verdeckte. Hierbei haben Betroffene vorrangig Phantasien über Beschädigung bestimmter Objekte oder auch über Verletzungen anderer Personen.

* Autoaggression
Diese Aggressionsart richtig ein Individuum gegen sich selbst. Sichtbar wird diese Gewaltform beispielsweise durch selbstverletzendes Verhalten. Hierzu zählt das Ritzen der Unterarme oder Ähnliches.

* positive Aggressionen
Im Gegensatz zu eben beschriebenen Aggressionsarten gibt es auch eine ganze Reihe positiver Aggressionsvariationen. Hierzu zählt beispielsweise der berufliche Wettbewerb, der Sportwettkampf, Imponiergehabe seitens männlicher Personen oder auch Selbstbehauptung.

Beim genauen Hinschauen lässt sich ein sehr vielschichtiges Begriffsfeld um "Aggression" bauen. Einerseits handelt es sich um absichtliches Verletzen (beispielsweise gegen Mitschüler eines Klassenverbandes). Es kann aber auch zum wilden, erregten Verhalten kommen. Kleine Kinder reagieren bereits mit Aufstampfen, Brüllen oder Schreien, wenn sie so richtig wütend sind. Gleichzeitig handelt es sich bei Aggressionen aber auch um innere Impulse beziehungsweise Emotionen. Nicht zuletzt können aggressive Verhaltensweise ebenso durch ein offensives, aktives Verhalten dargestellt werden. Im Jugendalter verneinen Mädchen und Jungen beispielsweise gern bewusst die Anforderungen seitens Erwachsener.

Aggressiv - Aggressivität - aggressive Verhaltensweisen: Alle Unterschiede auf einen Blick

Experten unterscheiden bei fachlichen Abhandlungen in drei verschiedene Termini.

* aggressiv
Als aggressiv wird sämtliches Verhalten bezeichnet, welches mithilfe eine Person oder eine Gruppe versucht, ihre Interessen gegen den Widerstand anderer durchzusetzen. Hierbei kommen alle Formen von Aggression zum Einsatz.

* Aggressivität
Die Bereitschaft für aggressives Handeln wird als Aggressivität bezeichnet. Die Ursachen sind teilweise außerhalb, aber auch innerhalb eines Organismus zu suchen.

* aggressive Verhaltensweisen
Hier mit inbegriffen sind all jene Verhaltensweisen, die der Flucht, Unterwerfung oder Defensive (Abwehr) zuzuordnen sind. All diese Handlungen werden zu einem agonalen System zusammengefasst. Damit wird aggressives Verhalten zu einem agonalen Verhalten. In der Literatur kommt auch der Begriff "agonistisch" zum Einsatz. Beide Begriffe werden aus dem Griechischen von "agon" (Wettstreit) abgeleitet.

So entstehen Aggressionen wirklich: Kampf oder Flucht?

Aggressive Gedanken und Handlungen entstehen aufgrund von Stress, Wut, Ärgern, Frustration, Enttäuschung, Rache, Verzweiflung oder Aggressionsabwehr gegen andere Personen. Diese sogenannten Stressoren wirken dabei direkt auf die betroffene Person ein. Daraufhin werden im Inneren des Menschen Energien mobilisiert, welche mögliche Reaktionen auslösen sollen.

Hierbei gibt es immer zwei verschiedene Möglichkeiten: Kampf oder Flucht. Handelt es sich beim Betroffenen um einen Flucht-Typ ist es sehr wahrscheinlich, dass er seine Aggressionen mithilfe eines direkten Angriffs abbauen wird. Oft schreit dieser Personenkreis. Im Einzelfall und bei sehr starken Emotionen sind zudem handgreiflich Reaktionen denkbar. Im Gegensatz dazu reagieren Betroffene des Flucht-Typs eher durch einen Versuch, der entsprechenden Situation schnellstmöglich zu entkommen.

Beide Strategien gehen mit einem kontinuierlichen und effektiven Aggressionsabbau einher. Unerwünschte, mit Energie behaftete Gefühle werden quasi aus dem Weg geräumt.

In der Fachwelt wird der Flucht-Typ zur Kategorie der gutartigen Aggression gezählt. Hierbei handelt es sich um die biologisch angelegte Aggressionsform, welche als sinnvolle Reaktion in lebensbedrohlichen Situationen dient. Zu beobachten ist diese Art beim Menschen als auch Tieren. Das Besondere der Flucht liegt daran, dass sie defensiv und reaktiv ist. Sie zielt darauf ab, die grundsätzlichen Ursachen einer Bedrohung sofort zu vernichten. In Sekundenschnell stellt der Körper hierfür Energie zur Verfügung.

15

Destruktive Aggression muss keine Einbahnstraße sein

Im Gegensatz dazu steht die destruktive Aggression. Diese wirkt sich gnadenlos zerstörerisch aus. Extreme Arten dieser sind Grausamkeit in Kriegen oder Mord. Nicht selten erleben Menschen bei entsprechenden, sozial grundsätzlich nicht förderlichen Handlungen, ein belohnendes, lustvoll erlebtes Lebensgefühl. Experten sprechen hier von einer negativen Leidenschaft, die allen Menschen gemein ist, jedoch nur bei einem ganz bestimmten Bruchteil auch zutage tritt. In diesem Zusammenhang unterstreichen sie jedoch auch, dass destruktive Ausläufer von Gewalt das Überleben der Menschheit gezielt gefährden.

Pseudoaggression: Was steckt wirklich hinter der Selbstbehauptung?

Alle Handlungen, die Schaden verursachen können, ohne von den ausführenden Personen beabsichtigt zu sein, zählen zur Kategorie der Pseudoaggression. Hierbei handelt sich beispielsweise um eine Art der Geschicklichkeitsübung. So lassen sich Aggressionen mit spielerischem Naturell bei einigen Sportarten, wie zum Beispiel dem Fechten, beobachten. Andererseits gibt es auch die unbeabsichtigte Aggression. Hier wird anderen Personen Leid unbeabsichtigt zugeführt. Dies ist der Fall, wenn eine Person nicht Ziel der Aggression war, dennoch getroffen oder beschädigt wurde.

Darüber hinaus existiert noch die dominierende Pseudoaggression der Selbstbehauptung, welche unmittelbar eine bestimmte Art der Aggression benötigt. Diese erhöht die Kompetenz, eigene Ziele mit Sicherheit zu erreichen. Gleichzeitig wird auf diese Weise der Anteil sadistischer, destruktiver Aggression um ein Vielfaches gesenkt.

Gemäß der Theorie von Sigmund Freud kann die ganzheitliche Entwicklung einer gesunden Persönlichkeit nur dann erfolgen, wenn es genügend Spielraum für die Ausübung selbstbehauptender Aggressivität gibt. Gleichzeitig weist er jedoch darauf hin, dass ein Übermaß an Selbstbehauptung auch zur ungünstigen Ausbildung bestimmter neurotischer Symptome führen kann.

So leidet beispielsweise ein gehemmter und scheuer Mensch ohne Ausnahmen darunter, dass er sich selbst im Alltag gegenüber anderen nicht durchsetzen kann. Entsprechend fußen passgenaue Therapien in diesem Fall darauf, die eigentlichen Ursachen der zu geringen Selbstbehauptung erlebbar zu machen.

Die Ursachen für fehlende Selbstbehauptung sind in zwei verschiedenen Feldern zu suchen. Einerseits wird dieses Verhalten in der Familie seit dem frühen Kindesalter angeeignet. Andererseits spielen auch gesellschaftliche Hierarchien eine entscheidende Rolle bei der fehlenden Entwicklung einer gesunden Selbstbehauptung. In beiden Fällen beruhen die eigentlichen Auslöse auf festgefahrenen autoritären Strukturen, welche sehr wenig bis gar keinen Raum für eigene Experimente und Erfahrung im Bereich der Selbsterfahrung haben.

Gesellschaftliche Normen behindern Aggressionsabbau

Die Natur hat den Menschen also mit praktischen Reaktionsschemata ausgestattet. Sobald er Wut verspürt, kann es diese

Gefühle und Energien eigenständig loswerden. In modernen, schnelllebigen und technologisierten Gesellschaften bleibt hierfür jedoch kaum ein angemessener Spielraum.

Beispielsweise ist ein Kampf in der Gesellschaft nicht erwünscht. Entsprechend wird der Energieabbau gezielt behindert. Gleichzeitig ist an Arbeitsplätzen auch das Schreien unerwünscht. Als Alternative bleibt dem Wütenden das Wegrennen. Aber auch dies entspricht keineswegs den arbeitsrechtlichen oder firmeninternen Regelungen. Infolgedessen können negative Energien während des hektischen Arbeitsalltages nicht abgebaut werden. Vielmehr bleiben sie bestehen.

Da Energien jedoch nicht durch einen körpereigenen Stoffwechselprozess abgebaut werden können, muss eine Entladung zu irgendeinem anderen Zeitpunkt der Woche oder des laufenden Monats erfolgen.

Oft bemerken Betroffene zwar die Wucht dieser Anstauung und heftigen Entladung, es gelingt aber nur in ganz wenigen Fällen, den dahinterstehenden Mechanismus wirklich erklären zu können.

Zum besseren Verständnis folgt nun eine Erläuterung von vier weltweit bewährten Anti-Aggressions-Strategien. Diese Methoden haben nicht nur Einzug in die Fachwelt verschiedener Disziplinen gefunden. Vielmehr eignen sie sich beispielsweise auch dafür, sanfte Aggressionsmuster bereits präventiv vor der Eskalation in positive Lebensenergie umzuwandeln.

Vier Anti-Aggressions-Methoden für den privaten oder beruflichen Alltag

Für die Praxis bieten diese Erkenntnisse vier verschiedene Alternativen. Im Mittelpunkt dabei steht die Suche nach einer Methode, um angestaute Energien kontrolliert auszuleben. Hierzu ist es notwendig, den eigenen Tagesplan mit entsprechenden Tätigkeiten, die den Abbau unterstützen, zu ergänzen. Bewährt haben sich dabei bewegungsreiche, entspannende und "schreiende" Aktivitäten.

Variante 1: Bewegung

Durch Bewegung werden Energien durch direkte, körperliche Maßnahmen abgebaut. Im Endeffekt wirken diese ähnlich einem Staudamm, welcher für diesen Zweck etwas geöffnet wird. Schlussendlich sinkt der Wasserstand wieder auf den empfohlenen Pegel und es droht keine Gefahr einer emotionalen, nicht zu kontrollierenden Überflutung. Vereinzelt eignen sich hierfür spezielle Bewegungsprogramme, welche sich auf die Verwertung von Aggressionen spezialisiert haben. Bewährt haben sich hierfür sportliche Aktivitäten wie Fahrrad fahren oder joggen. Zum zielgerichteten Abbau von unerwünschten Energien sind auch andere Sportarten beziehungsweise Kampfsportarten (Boxen, Karate) effektiv. In diesem Fall sind Varianten mit direktem, körperlichen Kontakt empfehlenswert. Je nach Geschmack eignen sich auch Tanzkurse verschiedener Stile als effektive Trainingseinheiten.

Das Besondere dabei ist, dass während eines Wutausbruchs große Mengen an Adrenalin vom Körper freigesetzt werden. Im Anschluss an aufbrausende Momente werden diese jedoch nicht abgebaut. Mithilfe sportlicher Aktivitäten unterstützen Menschen ihren Körper beim gezielten Abbau eines zu hohen Adrenalinspiegels.

Parallel dazu steigt der Serotoninspiegel im Blut und begünstigt Glücksgefühle. Diese besitzen die wunderbare Eigenschaft negative in positive Emotionen umzukehren beziehungsweise Letztere zu neutralisieren.

Nachdem der Körper überschüssige Energien freigesetzt hat, sind kurze und effektive Ruhephasen notwendig. Diese dienen zum erneuten Energieaufbau der positiven Art und stehen damit bei der nächstbesten Gelegenheit wieder zur Verfügung.

Variante 2: Entspannung

Ausgewählte Entspannungsübungen, wie Yoga, Massagen, Meditation, Qi Gong, Reiki, Shiatsu, autogenes Training, progressive Muskelentspannung beziehungsweise Strategien der Achtsamkeit folgen einem anderen Mechanismus. Durch die Bereitstellung von Energie wird der Körper in einen sogenannten Alarmzustand versetzt. Hierbei ist vorrangig das vegetative Nervensystem beteiligt. Zu erkennen ist dieser Vorgang beispielsweise durch einen beschleunigten Herzschlag oder schwitzende Hände.

Mithilfe von entspannenden Methoden wird es möglich, angestaute Aggressionen dahingehend abzubauen, dass alle körperlichen Funktionen erneut normalisiert werden. Aufgrund dessen fährt der Körper bereits mobilisierte Energien wieder zurück. Bei Entspannungsübungen werden angestaute Energien folglich nur indirekt abgebaut.

Gleichzeitig kann dem menschlichen Gehirn vermittelt werden, dass es anstelle des Wutgefühls eine andere Alternative zur Verfügung hat. Hier kommen Glücksgefühle oder entspannende Momente zum Einsatz. Psychologen sprechen an dieser Stelle von einem geplanten Handeln, welches quasi in entgegengesetzter Richtung wirkt. Mit entspannenden Methoden wird es damit plötzlich möglich, der vermeintlichen sich annähernden Wut den Nährboden zu entziehen. Damit hat sie keine Angriffsfläche mehr und verliert an Einfluss auf das Leben.

Je nach zeitlichem Budget können Betroffene aus einer Vielzahl von Entspannungsmethoden wählen. In jedem Fall sollten eigene Interessen als auch die Mentalität desjenigen bei der Auswahl eine wichtige Rolle spielen. Hierzu aber mehr in Teil 2.

Variante 3: Befreiendes Schreien

Die Natur hat den Menschen mit einem atemberaubenden Organ "die Stimme" ausgestattet. Anhand stimmlicher Nuancen können viele Informationen über den aktuellen Gemütszustand abgelesen werden. Zufriedene und entspannte Personen flüstern gern oder vermitteln mögliche Inhalte mit sanfter, gar beruhigender Stimme. Im Gegensatz dazu nimmt diese bedeutend an Lautstärke zu, wenn Zorn, Wut und Frustration zutage treten.

Aus dem gleichen Grund wirkt es häufig entlastend, bestimmte unerwünschte Zustände lauthals zu benennen. Richten sich diese Beschimpfungen gegen Personen, so wäre dies eine verbale Aggression. Haben negative Emotionen jedoch die Möglichkeit mithilfe von Gebrüll den Weg ins Freie zu finden, ist nicht mehr von Aggression gegen andere die Rede.

Als besonders befreiend werden Schreie von wütenden Personen empfunden, wenn sich diese gegen andere ohrenbetäubende Geräusche richten. Hervorragende Dienste leistet diesbezüglich eine Eisenbahnschiene. Für diesen Zweck stellt man sich direkt unter die Bahnbrücke. Sobald der Zug darüber fährt, werden negativen Emotionen durch lautes Gebrüll freigelassen. Die Geräusche fressen dabei quasi alle Wut und Frustration.

Alternativ eignet sich hierfür auch der Wald oder eine bestimmte Stelle nahe einer viel befahrenen Straße. Vielleicht bedarf es anfangs ein wenig Überwindung, um einfach loszuschreien. Nach ein, zwei Versuchen merkt der Anwender jedoch schnell, welche befreiende Wirkung das lautstarke Gespräch mit der Natur haben kann. Alle Energien werden hierbei quasi impulsartig ausgestoßen und in alle Wind verweht. Gern genutzt werden für eben beschriebene Aktionen auch gern Witterungsverhältnisse, die den aktuellen Gemütslagen entsprechen. Regen, Schneefall oder starker Wind helfen dem Menschen dabei, seinen Ballast des Alltags abzulegen und wieder innere Ruhe zu finden. Beim nächsten Sonnenaufgang startet der Tag mit neuen, energiereichen und konstruktiven Aktivitäten.

Sollte es aus verschiedenen Gründen einmal nicht möglich sein, die eigenen vier Wände zu verlassen, eignet sich auch lautes Singen zum "Vertreiben" unerwünschter Energien. Hierfür wird der Lieblingssong mit lautem Volumen angehört und aus voller Kehle dazu gesungen. Zur Verbesserung des Effekts können Aktivitäten wie Boden wischen, staubsaugen, aufräumen oder Bad reinigen herrliche Ergänzungen sein.

Grundsätzlich ist es wichtig, dass die jeweiligen Aggressionsausbrüche nicht von anderen Menschen wahrgenommen werden. So kommt es vor, dass Wutausbrüche teilweise erschreckend oder einschüchternd wirken. Durch eine gewährleistete Distanz schützen wütende Personen vor allem auch das Familien- und Privatleben.

Aggressionsforscher haben in Halle an der Saale (Sachsen Anhalt) den ersten Wutraum eingerichtet. Hier können wütende Besucher einfach drauf losschlagen. Alte Mauern zerfallen und Teller dürfen an die Wand geschmettert werden. Dank des durchdachten Konzeptes gelingt es einigen Besuchern, nach einigen Besuchen im Wutraum auch andere Methoden zur Aggressionsbewältigung anzuwenden. Tatsächlich haben viele nach dieser Intervention keine Hemmungen mehr, auch unbeobachtet im Wald einfach aus Leib und Seele zu schreien beziehungsweise kräftig auf einen Baum oder Ähnliches einzuschlagen. Die Aktion heißt "Schlag dich fit" und muss bis dato noch aus eigener Tasche gezahlt werden, da das Konzept des Wutraums noch nicht als offizielle Therapie anerkannt ist. Für dreißig Minuten zahlen Besucher 90 Euro.

Variante 4: Kreative Tätigkeiten

Je nach Charaktereigenschaft unterstützten kreative Tätigkeiten beim gezielten Abbau von Aggressionen. Dabei spielt es keine Rolle, ob der Betroffene Musik macht, komponiert, zeichnet, malt, stickt oder töpfert. Einige Personen lieben es zudem, sich die Seele quasi vom Leib zu schreiben. Kreative Schreibtechniken (Geschichten, Gedichte, Reime) ermöglichen es, der Wut freien Lauf zu lassen. Auf dieses Weise werden negative Emotionen gelöst und innere Spannungen verschwinden ebenso.

Eigenes Früh-Warnsystem lesen lernen

Im Gegensatz zur landläufigen Meinung geschehen Wutausbrüche nicht von einem Moment zum anderen, Vielmehr kündigen sie sich ähnlich der Krankheiten lange im Voraus an. Die Kunst des effektiven Erkennens liegt in der individuellen Wahrnehmung dieser.

Der menschliche Körper sendet bereits vor dem eigentlichen emotionalen Ausbruch ganz bestimmte Signale, die das Geschehen quasi ankündigen. Einige Menschen beschreiben diese ersten Anzeichen als ein plötzliches Unwohlsein, ein unbegründeter bitterer Geschmack, ein kribbliges Bauchgefühl oder das automatische Zusammenziehen der Fäuste.

Typische körperliche Anzeichen auf einen Blick:

* Anspannung des Körpers
* Faust machen
* erhöhter Puls
* Gefühl von Hitzewallungen
* (plötzliche) Gesichtsrötung
* Kopf- und/oder Magenschmerzen
* Schweißausbrüche (beispielsweise auf Handfläche, unter Achseln)
* Schwindelgefühle
* Zähneknirschen

Personen, die mit Wutgefühlen immer wieder kämpfen müssen, weisen zudem in vielen Fällen Konzentrationsprobleme auf. So haben sie beispielsweise Schwierigkeiten damit, sich zu konzentrieren. Verzweifeln oft beim ersten Anlauf eines Vorhabens und es folgt nicht selten eine Eskalation. Hinzu kommt, dass sie anderen Personen viele Dinge einfach kompromisslos "durchboxen" wollen. Es ist ihnen in keinster Weise möglich, die Einstellungen oder Handlungen Dritter zu akzeptieren. Das Mitgefühl Betroffener ist meist nicht realisierbar. Einzig und allein die Argumentation der wütenden Personen ist korrekt.

Bemerkbar werden diese negativen Emotionen durch eine andauernde Besessenheit von eigenen Wutgefühlen. Außenstehende können gehäufte sarkastische Bemerkungen, eine stets lauter werdende Stimmnutzung als auch ein permanentes Auf- und Abgehen beobachten. Zudem ist die Dominanz negativer Emotionen daran erkennbar, dass sich der Sinn für Humor schnell verabschiedet.

Es kann hilfreich sein, sich mit dem eigenen Verhalten aktiv zu beschäftigen. Hierzu eignen sich nicht nur Wutausbrüche. Vielmehr ist es empfehlenswert, sich auf zwei weitere, typische Gemütszustände im Verlaufe des Tages zu konzentrieren.

Beispielsweise sind körpereigene Reaktionen kurz vor dem Wutanfall, während einer glücklichen Nachricht oder bei Traurigkeit zu beobachten. Auf diese Weise werden die Unterschiede klarer sichtbar. Betroffene lernen zudem diese klar voneinander zu trennen.

Sobald vor dem nächsten, sich ankündigenden Wutanfall eben diese Anzeichen wahrgenommen werden, können Gegenmaßnahmen ergriffen werden. Hierbei empfiehlt sich eine Kombination mit anderen Methoden. Je nach Situation kommt lautes Singen oder Schreien, ein Ortswechsel oder bei Bedarf ein spontaner Spaziergang zum Einsatz.

Umso näher, desto aggressiver kann der Umgang sein

Grundsätzlich unterstreichen Experten, dass Aggressionen gerade da einen Nährboden finden, wo sich vertraute Beziehungskonstrukte abspielen. Aus diesem Grund kommt es in Partnerschaften oder Ehen häufiger zu Streitigkeiten, als wie beispielsweise im professionellen Alltag. Diese Hemmungen, die wahren Gefühle in der Öffentlichkeit zu zeigen, existieren bereits in der frühen Kindheit. Fällt ein Kind hin, wird es mit großer Sicherheit sofort zu weinen beginnen, wenn die Mutter oder eine andere Bezugsperson in der Nähe ist. Beobachten diese Geschehen ausschließlich unbekannte Personen, beispielsweise auf dem Spielplatz, beginnt des Kind nicht sofort zu weinen. Vielmehr werden die Tränen erst auf dem Weg zur Mutter ausbrechen. Biologen beschreiben dieses Verhalten als Schutzfaktor. Auf diese Weise zeigt das Individuum seine Gefühle nicht dem Unbekannten, denn schließlich kann der diese eventuell ausnutzen.

Genau an dieser Stelle lässt sich jedoch erkennen, dass es bereits ab dem Kindesalter möglich ist, Aggressionen zumindest für einen gewissen Zeitraum zu unterdrücken.

Weitere Faktoren, die Aggressionsbereitschaft erhöhen

Neben Beziehungsproblemen und kontinuierlichen Schwierigkeiten am Arbeitsplatz gibt es weitere Faktoren, die es unbedingt notwendig machen, sich gezielt Methoden zum Aggressionsabbau anzueignen. Besonders häufig betroffen von abnormer Reizbarkeit und extremen Wutausbrüchen sind beispielsweise Personen mit Herzrasen oder Bluthochdruck. Auch Angststörungen, Depressionen und Alkoholsucht führen zu vermehrten Überreaktionen. Davon betroffen sind oft auch (erwachsene) Menschen mit ADHS. Im beruflichen Feld führt eine konstante Überlastung von Fachkräften zur Diagnose Burnout. Mit dieser steigt das Risiko aggressive Verhaltensmuster zu favorisieren extrem an. Nicht zuletzt spielen darüber hinaus auch hormonelle Veränderungen während der Wechseljahre oder im Verlaufe der Pubertät eine bedeutende Rolle.

Sobald eine erhöhte Aggressionsbereitschaft in Verbindung mit einer Krankheit steht, ist unmittelbar ein Arzt beziehungsweise ein Psychologe zur fachkundigen Behandlung hinzuzuziehen.

Aggressionen vermeiden: Lerntheoretiker zeichnen ein trübes Bild

Im Gegensatz dazu beschreiben jedoch Lerntheoretiker, dass Aggressionen vorrangig durch Lernprozesse entstehen. Während der Beobachtung von anderen Personen, die sich ebenso aggressiv verhalten, lernen Andere, diese Strategien ebenso anzuwenden. Dies trifft vor allem dann zu, wenn aggressive Verhaltensweisen verschiedene Formen schlussendlich zum Erfolg führten.

Entsprechend werden diese von Dritten als erfolgreiche Problemlösestrategie wahrgenommen. Daraufhin folgen teils unbewusst ablaufende Prozesse, welche aggressive Methoden verinnerlichen und in das eigene Handlungsrepertoire mit aufnehmen.

Zudem gehen lerntheoretische Ansätze davon aus, dass aggressives Verhalten genau dann besonders attraktiv zu sein scheint, wenn eine Belohnung folgt. Grundsätzlich betonen jedoch auch Lerntheoretiker, dass ein gewisses Maß an aggressivem Verhalten bereits genetisch veranlagt, spricht vererbt wurde. Studien geben Anlass zur Vermutung, dass dies vor allem im engen Zusammenhang mit den männlichen Hormonen Testosteron steht.

Trainingsprogramme für Kinder und Erwachsene

Dennoch unterstreichen Lerntheoretiker, dass es mögliche Auswege für Betroffene gibt. So haben sich in Deutschland beispielsweise eine Reihe effektiver Trainingsprogramme für Kinder etabliert. Hier lernen sie aggressive Verhaltensweisen gegenüber anderen bewusst zu erkenn und in kooperatives Verhalten zu verwandeln. Dies gelingt vor allem dann, wenn die kindlichen Teilnehmer ausreichen Spielraum bekommen, um ihre Ansichten auf verbale Weise zu verteidigen und schließlich damit ihre aggressiven Impulse zu kontrollieren lernen.

Ähnlich Programme wurden ebenso mit Erfolg für Erwachsene konzipiert und durchgeführt. So liegt der Kern der Workshops darin, alte Verhaltensmuster genau zu erkennen und bewusst zu verändern. Dies beginnt mit der eigenen Einstellung zu sich selbst und mündet schließlich in den Erwartungen, welche an andere gestellt werden. Auf diese Weise erlernen erwachsene Teilnehmer neue Kompetenzen, um sich Selbstbehauptungsstrategien anzueignen und gleichzeitig Spannungen (Energien) abzubauen.

Effektives Anti-Aggressions-Training macht Geschichte

Das Anti-Aggressivitäts-Training, auch Anti-Gewalt-Training genannt, besteht aus fest definierten Trainingseinheiten. Ein Workshop dieser Art setzt sich aus verschiedenen Übungseinheiten mit drei unterschiedlichen Schwerpunkten zusammen. Körperliche, praktische und theoretische Übungen dienen der Prävention als auch dem Abbau von Aggressionen.

Im Regelfall führen Pädagogen, Psychologen oder Sozialpsychologen das Anti-Aggressions-Training mit einer bestimmten Zielgruppe durch. Ein wichtiger Bestandteil des Konzeptes basiert auf einer zielgruppengerechten Zusammenstellung der einzelnen Kurselemente. In jedem Fall müssen diese im Einklang stehen mit den Bedürfnissen und Erfordernissen der Kursteilnehmer. Zu diesem Zweck werden im Vorfeld der Gruppenerstellung intensive Interviews mit jedem potenziellen Gruppenmitglied durchgeführt.

Das älteste Anti-Aggressivitäts-Training (AAT) wurde bereits wissenschaftlich validiert. Das bedeutet, in umfangreichen Studien wurde seine Wirksamkeit gemessen. Heute gelten für diesen AAT strenge Normen, damit die jeweilige Kurseinheit effektiv zum Ziel führen kann.

Sehr wichtig ist dabei, dass sich Kursteilnehmer im AAT nicht nur theoretisch mit ihrer Wut und aggressiven Verhaltensweisen auseinandersetzen. Vielmehr werden sie im Beisein der Trainingsleiter gezielt mit aggressivem Verhalten konfrontiert. Auf diese Weise lernen Teilnehmende, bewusst auf den Einsatz von Gewalt zu verzichten. In kontrollierten Simulationen erlernen Workshop Teilnehmer, neue Verhaltensmöglichkeiten zu festigen.

Aufgrund der Tatsache, dass gewalttätige Aktionen in speziellen Freundeskreisen als besondere Stärke dargestellt werden, zielt das AAT zudem darauf ab, die eigentlichen Schwächen von Gewalt zu unterstreichen.

Folgende Inhalte werden im Rahmen des Anti-Gewalt-Trainings vermittelt:
* Konfrontation mit aggressiven Verhaltensweisen
* Erörterung der Notwendigkeit von Gewalt
* Rechtfertigungsstrategien erkennen und abbauen
* Neutralisierungsstrategien analysieren, gezielt abbauen
* Deeskalations- und Schlichtungsstrategien kennenlernen, ausprobieren

Durch die praktische Umsetzung der Kursinhalte erlernen Teilnehmer zudem eigene Bedürfnisse zugunsten den sozialen Miteinanders zurückzustellen. Gleichzeitige eröffnen sich neue Perspektiven im privaten und beruflichen Umfeld. Dies geschieht vorrangig durch bewusst gewählte, alternative Aktivitäten, bei denen sich die Kursteilnehmer selbst abreagieren können. Das Besondere hierbei ist, dass jeder eine eigene Auswahl trifft. Kursleiter unterstützen jeden Teilnehmer dabei, eigene Präferenzen und Interessen neu kennenzulernen. Auf Grundlage dessen begeben sie sich auf die Suche nach individuellen und vor allem attraktiven Aktivitäten.
Nicht zuletzt ist Letzteres auch eine Folge dessen, was die Teilnehmer im Rahmen des Anti-Aggressions-Trainings erlernen. So verhelfen bestimmte Techniken für eine konstruktive Problemlösestrategie, aber auch für prosoziales Verhalten dabei, das eigene Ich neu zu entdecken.

Das US-Amerikanische Konzept nach Weidner, besteht aus ein bis zwei wöchentlichen Übungseinheiten mit einer jeweiligen Dauer von 120 Minuten. Grundsätzlich ist die Teilnahme am AAT freiwillig. Im Rahmen betreuten Jugendwohnens oder Haftanstalten wird das erfolgreiche Absolvieren des Anti-Aggressions-Trainings oft in Verbindung mit Vergünstigungen angeboten.

Aggressive Momente nachträglich reflektieren: Tagebuch des Verhaltens

Die besten Methoden zum Abbau von Aggressionen nützen jedoch nichts, wenn seitens des Betroffenen keine Bereitschaft existiert, die eigenen aggressiven Gefühle aktive zu reflektieren. Oft werden zwar vielseitige Ursachen wie Müdigkeit, seelische Belastung, Stress, Hunger oder Sicher-unterdrückt-Fühlen in Fachkreisen benannt. Dennoch fällt es Betroffenen immer wieder schwer, bei sich selbst die ursprüngliche Ursache für die erlebte Aggression herauszufinden.
Genau an dieser Stelle liegt der goldene Schlüssel, um künftig entsprechende Handlungen zu vermeiden. Im Mittelpunkt steht also die Frage:

"Was genau verursacht die geringe Hemmschwelle, schnell aggressiv zu werden?".

Um genau dies herauszufinden ist es hilfreich, sich all jene Momente im Verlauf des Tages einzuprägen, die Gefühle wie Wut, Ärger oder Aggression verursachten. Am Abend sind Betroffene nun angehalten, genau diese Augenblicke wieder ins Bewusstsein zu rufen. Im Zentrum der Aufmerksamkeit steht nun die Frage:

"Warum war es nicht möglich, genau in diesen Momenten meine Wut zu beherrschen?"

Hilfreich kann es sein, im Anschluss daran, das gesamte Vorspiel noch einmal Revue passieren zu lassen. Dabei sollte es gelingen, die Situation aus der Vogelperspektive quasi als Außenstehender noch einmal zu betrachten. Auf diese Weise erhöht sich die Chance einer sachlichen Bewertung:

"War die Wut in genau diesem Moment berechtigt? War der

aggressive Ausbruch notwendig? Hätte es andere Möglichkeiten gegeben, um die Situation auf sanfte Weise zu lösen?"

Sobald sich jedoch erneute Wut bemerkbar macht, ist es notwendig, genau diese Gedanken für ein bis drei Tage ruhen zu lassen. Danach erfolgt eine neue Erkundungstour.

Sollte der reflektierende Beobachter hier zu dem Schluss kommen, dass sein Handeln korrekt und gerechtfertigt war, können weitere Lösungsstrategien folgen:

"Woher genau kam die Motivation für die unangenehmen (hässlichen, bösartigen) Wörter? Waren diese tatsächlich notwendig? War im Voraus bekannt, warum die gegenüberstehende Person auf diese Weise und nicht anders handelte? Gelang es dem Wütenden, sich während des Konfliktes in den Konfliktpartner hineinzuversetzen?"

Vielleicht hätten alternative Handlungsmöglichkeiten zu einem gewaltfreien Ende geführt: "Bist du dir bewusst, dass dein Verhalten unverschämt ist. Ich möchte jetzt meine Ruhe haben."

Natürlich kann eine derartige nächtliche Reflektion auch dazu führen, dass dem Betrachter seine Schuld bewusst wird. In diesem Fall hat der Gesprächspartner die Aggression unbegründet erfahren. Hier ist es hilfreich, zeitnah Kontakt zu dem Betroffenen zu suchen. Ein kurzes Gespräch kann helfen, die verletzende Handlung zumindest verbal zurückzunehmen. Vielleicht ist sie nicht mehr rückgängig zu machen. Dennoch werden durch eine Entschuldigung wieder neue Freiräume für ein künftiges Miteinander geschaffen und die Beziehung im privaten oder beruflichen Bereich kann erneut gestaltet werden. Diese Art der Konfliktlösung gilt stärkt nicht nur das künftige Miteinander. Vielmehr üben beide Gesprächspartner bei dieser Methode auch, dass es möglich ist, den anderen zu verstehen und ihm verzeihen zu können.

Experten empfehlen, diese Methode regelmäßig zu praktizieren. Es muss nicht immer ein besonderer Vorfall des Tages als Auslöser dienen. Dennoch kann diese Art von "Theaterstück" dazu dienen, sich auf bestimmte Situationen im Alltag besser vorzubereiten. So zeigen Studien, dass bei intensiven Beziehungen zwischen Arbeitskollegen oder auch Ehepartnern immer wieder ähnliche Konflikte entstehen. Hier ist es sehr hilfreich, diese genauestens zu reflektieren, um bei weiteren Auseinandersetzungen genau anders zu reagieren.

Stressfaktoren gezielt reduzieren

Wenn aggressive Verhaltensweisen aufgrund chronischer Überlastungen zustande kommen, ist es dringend notwendig alltäglichen Stress zu reduzieren. Hierfür ist es empfehlenswert ähnlich der Reflexionsmethode "Tagebuch" den eigenen Alltag zu analysieren.

In diesem Fall geht es im ersten Schritt darum, die eigene Tagesstruktur genau zu erfassen. Nach Ablauf eines jeden Tages notiert sich der Betroffene wichtige Eckpunkte seines Tages. In der darauffolgenden Woche wird dieses Übung weitergeführt. Während des Tages sind jedoch zusätzlich genau die visierten Stressmomente herauszufiltern.

Dabei handelt es sich um genau jene Situationen, wo die jeweiligen Personen das Gefühl haben: "Es geht nicht mehr:" oder "Keinen Lösungsansatz für die aktuelle, knifflige Tätigkeit finden". Genau in diesen Momenten gilt nun die Aufmerksamkeit aller Termine und Aktivitäten, welche parallel anstanden.

Bei der abendlichen Notiz sind diese Tageshighlights rot zu markieren. Es folgen Gedanken bezüglich einer Veränderung. Welche Möglichkeiten sind denkbar, um genau diese Situationen zu vermeiden. Gibt es andere Personen, die im beruflichen oder auch privaten Umfeld entsprechende Aufgaben abnehmen könnten? Gibt es Dinge, Termine und Aufgaben, die aktuell für das Leben des jeweiligen Betroffenen keinen Mehrwert mehr bieten können? Wie wäre es, einfach auf diese (zeitweise) zu verzichten?

Es ist empfehlenswert genau diese Wünsche kurz zu notieren, um im Anschluss daran die kommende Woche mit neuem Elan zu planen. Im Fokus steht dabei das eigene Wohlbefinden: Wie fühlt es sich an, nur noch eine Tätigkeit intensiv auszuüben, anstatt permanent alles nur halbherzig zu machen? Wie reagieren andere Personen auf neue Wege der Kooperation? Entstehen konstruktive Gespräche anstelle aggressiver Angriffe?

Gelingt es den Stressfaktor "Zeit" etwas zu schlichten, kann das Leben mit neuen Energien fortschreiten und Aggressionen werden durch die Tat selbst abgebaut.

Erste-Hilfe-Maßnahme bei Wutanfällen

Sobald die Wut oder der Ärger über andere das Blut zum Kochen bringt, kann eine gezielte Maßnahme das Überkochen des Kochtopfes sicher verhindern.

Während es bereits innerlich brodelt beginnt der Betroffene ruhig ein und auszuatmen. Währenddessen wird langsam im

Flüsterton rückwärts von zehn bis null gezählt. Diese Übung sollte mindestens dreimal wiederholt werden. Während dessen kann das Heben und Senken des Brustkorbes bewusst wahrgenommen werden. Diese kombinierte Übung aus Konzentration und Entspannung hilft dabei, den Überblick zu behalten.

Bereits nach wenigen Minuten kann es zudem gelingen, eine konstruktive Lösung beziehungsweise Antwort für die aktuelle Diskussion zu finden. Die typische Klassenzimmersituation versetzt manchmal Lehrkräfte in genau diese Situation, wo das Blut bereits langsam zu kochen beginnt. Mithilfe dieser Erste-Hilfe-Maßnahme gegen Wutanfälle nehmen Lehrer ein praktisches Handwerkzeug mit an die Hand, um in typischen Schulsituationen professionell zu handeln. Gleichzeitig schützen sie sich auf diese Weise vor einem möglichen Burnout.

Sollte diese Methode nicht mehr greifen, gibt es eine weitere Alternative, um den Wutteufel an seinem Werk zu hindern. Der erfahrene Psychologe Volkmar Höfling empfiehlt in diesem Zusammenhang, dem Wutanfall starke Körperempfindungen entgegenzusetzen. Diese sind in sogenannten emotionalen Krisensituationen sehr hilfreich. Beispielsweis können extreme Wahrnehmungen durch Eiswürfel verursacht werden. Alternativ eignet sich sehr kaltes Wasser. Zudem können scharfe Geschmacksrichtungen mithilfe von Chilischoten ermöglicht werden.

Gezielter Ortswechsel: Notfallplan wenn es plötzlich brennt

Eine weitere Möglichkeit ist es im beruflichen oder auch privaten Kontext einfach kurz den Raum zu verlassen. Der ideale Zeitpunkt hierfür ist genau der Moment, wenn Gesprächspartner bemerken, dass sie nicht nur bereits auf der Palme sind. Vielmehr stehen sie kurz davor auch mit Kokosnüssen auf die Person gegenüber zu schießen.

An dieser Stelle empfiehlt es sich, von jetzt auf jetzt gleich den Raum zu verlassen. Auf diese Weise entfernen sich erhitzte Gemüt schlagartig und unerwünschte Emotionen entladen sich mit sofortiger Wirkung. Der glühende Kopf kühlt quasi wortwörtlich an der frischen Luft ab. Alternativ bietet sich auch der Flur eines Bürogebäudes an.

Nach einem gezielten Durchatmen kehrt der Betroffene wieder in den Raum zurück. Das Gespräch kann hier erneut aufgenommen werden. Mit sehr großer Wahrscheinlichkeit lassen sich nach der Rückkehr angedachte Gesprächsinhalte abschließend klären. Der Vorteil dieser doch etwas abrupten Methode ist, dass sich die Gesprächspartner auf diese Weise nicht unnötig mit wütenden Begriffen beschimpfen, sondern vielmehr die Zeit konstruktiv dank kurzer Unterbrechung nutzen.

Universelle Prävention: Gezielte Wortwahl hilft Wunder

Neben all den verschiedenen Methoden zum gezielten Wutabbau ist es hilfreich, eigene Kommunikationsstrategien zu analysieren. Schließlich nimmt die gegenüberstehende Person nicht nur Mimik, Gestik und Körperhaltung wahr, sondern achtet ganz gezielt auf die Wortwahl.

Aus diesem Grund kann es hilfreich sein, die eigene verbale Kommunikation genau zu beobachten. Folgende Fragen sollten hierbei im Mittelpunkt der Aufmerksamkeit stehen:

* Welche Wörter werden verwendet? Sind diese von der gegenüberstehenden Zielgruppe erwünscht?
* In welcher Lautstärke werden Botschaften vermittelt?
* Kommt ein bestimmter Unterton bei der Vermittlung von Informationen zur Geltung?
* Welche Geschwindigkeit kommt vorrangig zum Einsatz?

Hinzu kommt die Beantwortung dieser vier Fragen in verschiedenen Situationen. Hierbei kann es interessant sein, zu beobachten, ob sich die vier Beobachtungsschwerpunkte in verschiedenen Stimmungslagen auch verändern. Es folgt die Frage, inwiefern die Veränderungen verlaufen.

Infolge dieser Beobachtungen wird es möglich, den eigenen Sprachstil aktiv zu verändern, wenn offensichtlich ist, dass sich die gegenüberstehende Person offensichtlich angegriffen fühlt. Gleichzeitig ermöglichen diese Erkenntnisse eine Anpassung eigener Gewohnheiten.

Aggressionsabbau bei Kindern gezielt begleiten

Im Gegensatz zu dem gesteigerten Aggressionspotenzial Erwachsener, gibt es bei Kindern weitere Faktoren der schnelllebigen Gesellschaft, welche den Aufbau von Aggressionen ohne Grenzen begünstigen. Beispielsweise wird die geradezu unnatürliche Reizüberflutung als Mitauslöser von aggressivem Verhalten im Kindesalter definiert.

Wissenschaftliche fundierte Studien untermauern dabei die Aussage, dass es eine ganz bestimmte genetische Beeinflussung die kindliche Aggressionsbereitschaft steigern kann. Dies trifft vor allem dann zu, wenn im elterlichen Ursprung sehr auffällige Charakterzüge zu beobachten sind.

Im Gegensatz zu gezielten Anti-Aggressionstrainings gibt es beispielsweise auch die Möglichkeit, kindliche und jugendliche Aggressionen durch Spiel abzubauen. Neben Sportspielen eignen sich hierbei auch Rollenspiele. Pädagogische Fachkräfte nutzen diese gezielt, um im Spiel konstruktive Konfliktlösestrategien zu vermitteln. Das sozialverträgliche Miteinander wird auf diese Weise trainiert, indem Ärger und Wut in eine andere, neue Richtung gelenkt werden. Gleichzeitig dienen diese spielerischen Möglichkeiten dazu, Kinder und Jugendliche davor zu bewahren, zu Außenseitern unserer Gesellschaft zu werden.

Der Drei-Stufenplan für eine zeitnahe Lebensänderung

Unabhängig davon, in welchem Kontext eine bestimmte Methode zum Aggressionsabbau zum Einsatz kommt, ist es wichtig, drei grundlegende Voraussetzungen zu erfüllen.

* aktuelle Problem erkennen
* Problem akzeptieren
* Veränderungsprozesse in die Wege leiten

Personen, die ihr "wütendes" Problem erkannt haben, können ab diesem Zeitpunkt an das selbige akzeptieren. Damit bauen sie gezielt Hemmungen gegen den Konflikt ab. Gleichzeitig erhalten Betroffene die Möglichkeit innere Ängste beziehungsweise Barrieren abzubauen.

Schließlich ebnet sich der Weg für konstruktive Veränderungsprozesse. Ab sofort profitieren oben beschriebene Methoden zur Bewältigung von Aggressionen von einem nachhaltigen Nährboden. Auf diesem haben neue Keimlinge in Form von Fähigkeiten die Möglichkeit, sich ganzheitlich zu entwickeln.

Eine Ode an die Lebensqualität: Was kostet die Wut?

Sollten sich von negativen Emotionen betroffene Menschen an dieser Stelle noch nicht von den Vorzügen einer ausgeglichenen, harmonischen Lebensweise überzeug haben, kann eine individuelle Kosten-Nutzen-Analyse vielleicht Licht in die wütende Dunkelheit bringen. Diese sozial- und emotionale Selbstbetrachtung erfolgt in sechs Schritten.

Schritt 1: Checkliste der Beziehungen

Eine Auseinandersetzung mit eigenen Wutanfällen kann vor allem dann sinnvoll sein, wenn negative Nebenwirkungen auf andere Personen zu verzeichnen sind. Dies gilt auch dann, wenn sich die Beziehung zu diesen oft nahestehenden Menschen durch regelmäßige Wutausbrüche langsam nachteilig entwickelt.

Checkliste:
* Leiden andere Personen emotional oder körperlich unter den Wutausbrüchen?
* Schalten die Folgen negativer Emotionen verstärkt den sozialen Anschluss aus?
* Fühlt der Wütende nach dem Anfall Reue gegenüber anderen Personen? Kommt es zu einem schlechten Gewissen?

Treffen eine oder mehrere Aussagen auf Betroffene zu, ist es höchste Zeit, aktiv gegen die eigene Wut vorzugehen.

Besondere Aufmerksamkeit ist dringend notwendig, wenn andere Personen eine oder mehrere der nachfolgenden Begleiterscheinungen beziehungsweise Verhaltensweisen aufweisen. In diesem Fall ist zum Wohle der betroffenen Personen Hilfe notwendig.

* psychische oder körperliche Schädigungen
* Ängste
* Traumata
* psychosomatische oder psychische Erkrankungen
* Energieverlust im privaten oder beruflichen Umfeld
* Demotivation
* unnötige Verschwendung von Zeit, Energie, Nerven und Kraft

Experten betonen, dass viele Menschen mit Aggressionsproblemen oft einen auffällig kleinen Freundeskreis haben. Dies ist insofern gefährlich, als dass soziale Netzwerke und eine zuverlässige Unterstützung eine wichtige Rolle bei der Prävention vor ernsthaften Erkrankungen und Stress spielen.

Schritt 2: Den eigenen Körper beobachten

Mithilfe von Stift und Zettel wird eine Liste körperlicher Symptome erstellt. Im Mittelpunkt der Betrachtung stehen körpereigene Reaktionen, welche die Lebensqualität als auch das Wohlbefinden ungünstig beeinflussen. Typische Kennzeichen sind regelmäßige Kopfschmerzen oder körperliche Leiden wie Rücken- oder Knieschmerzen beziehungsweise Verspannungen. Wenn sich keine anderen, fachkundigen Erklärungen für diese Symptome finden lassen, liegt die Vermutung nahe, dass Wut die Ursache für genannt Zustände sind. In diesem Zusammenhang sollte unbedingt mit bedacht werden, dass bereits geringes, aber kontinuierliches Unwohlsein langfristig das Risiko für ernsthafte Erkrankungen signifikant erhöhen kann. Vorrangig betroffen davon sind Männer. Studien zeigen, dass lebensgefährliche Herzerkrankungen wie Schlaganfall oder Herzinfarkt ein Resultat lang anhaltender negativer Gemütszustände (Wut) sein können.

Schritt 3: Zerstörung aktiv wahrnehmen

Je nach Ausprägung der Stärke von Wutanfällen, ist es einigen Personen geradezu ein Bedürfnis, Gegenstände zu zerstören. Der Ärger muss unbedingt an anderen Objekten ausgelassen werden, damit negative Emotionen dem Körper entweichen können. Ernsthafte Zerstörungen und Beschädigungen von Tellern, Tassen, Möbeln oder Eigentum Dritter gehören hierbei oft zum Alltag stark wütender Personen.
Sobald Betroffene diese massiv zerstörerischen Aktivitäten wahrnehmen, ist der beste Zeitpunkt gekommen, um bewusste Maßnahmen gegen angestaute negative Emotionen bereits präventiv vor Ausbruch der Wut in Angriff zu nehmen.

Schritt 4: Fokus auf eingefahrene Grundeinstellungen

In vielen Fällen sind wütende Personen gegenüber anderen zynisch. Diese Art von Zynismus kann seine Wurzeln in einer selbstgerechten Einstellung haben. Oft vertreten von Wut Betroffene die Meinung, dass sie diese beobachteten und prompt kommentierten Handlungen niemals selbst machen würden.

Als Paradebeispiel dient hierfür eine typische Situation an der Ampel. Manchmal passiert es, dass ein Autofahrer den Wechsel von Rot zu Grün verpasst und nicht sofort losfährt. Zynische Charaktere würden hier kommentieren, dass dies aber auch nur "Idioten" passieren kann. Bei genauer Betrachtung sind diese Reaktionen unabhängig von der Person möglich. Schließlich kommt es beim Stillstand an der roten Ampel oft vor, dass andere Dinge den wartenden Fahrer ablenken.

Wenn von Wut besessenen Personen diese Art von Gedankengänge pflegen, profitieren sie mit großer Sicherheit von einem Perspektivwechsel. Mithilfe positiven Gedanken löst sich nicht zuletzt manch negative Emotion im Nichts auf.

Schritt 5: Konsum von Alkohol und Drogen im Blick

Wissenschaftlich fundierte Studienergebnisse zeigen, dass Menschen mit offensichtlichen Aggressionsproblemen tendenziell mehr (legale oder illegale) Drogen, darunter auch Alkohol zu sich nehmen.
Aufgrund ungünstiger neuronaler Nebenwirkungen kann sich ein unkontrollierter Konsum von diesen Genussmitteln sehr ungünstig auf die körperliche und seelische Gesundheit auswirken. Hinzu kommt, dass sich daraufhin weitere soziale oder emotionale Probleme entwickeln. Stauen sich negative Emotionen immer und immer wieder an, sind Betroffene schnell inmitten des Wutkreislaufs.

Eine Auseinandersetzung mit dem eigenen Konsumverhalten entzieht nicht nur den Nährboden für vielschichtige Probleme. Vielmehr folgt im Idealfall eine Auflösung des internen Energiestaus. Besonders effektiv kann eine Verhaltensänderung des Konsums sein, wenn sie in Verbindung mit Sport, Entspannungsübungen und/oder kreativen Techniken realisiert wird. Diese wiederum zählen zu den klassischen Methoden, um Wutanfälle präventiv zu entschärfen. Damit würden Betroffene von übermäßigem Konsum und daraus resultierender Wut quasi doppelt profitieren.

Schritt 6: Analyse der eigenen Zufriedenheit

Was spricht eigentlich gegen ein Selbstgespräch? Experten antworten hierbei mit einem klaren: "Nichts.". Infolgedessen dürfen sich Menschen mit Aggressionen gern nach ihrer eigenen körperlichen und seelischen Zufriedenheit fragen. Dabei steht die Frage im Mittelpunkt, ob sich die eigene Wut für den Betroffenen selbst schlecht anfühlt.

Wird diese Frage mit "ja" beantwortet, folgt eine weitere Analyse des Zustandes. Hierbei liegt der Fokus auf Folgendem:

* Die betroffene Person ist nicht zufrieden, weil die dem Wutanfall folgenden Konsequenzen sehr unbequem sind.
* Wutausbrüche verändern die eigene Wahrnehmung der Welt und fühlen sich deshalb im Nachhinein nicht angenehm an.

Bei Menschen, die den Alltag mit aggressiven Verhaltensweise bewältigen, kommt es nicht selten vor, dass beide Aussagen zutreffen. Dennoch sollte die Beobachtung von mindestens einer der Tatsachen bereits Anlass genug sein, um zumindest aktiv Maßnahmen gegen die eigenen Wutausbrüche in Angriff zu nehmen. Sollte die Umsetzung keine Früchte tragen, ist unmittelbar professionelle Hilfe mit in Anspruch zu nehmen. Dies schützt die eigene Person, aber auch direkt Betroffene aus dem sozialen Umfeld.

Übung macht den Meister: Aggressionen nachhaltig auslöschen

Ähnlich wie bei anderen Disziplinen gilt auch bei allen Anti-Aggressionsmethoden, dass sich der erhoffte Erfolg oft erst nach einigen Übungseinheiten einstellt. Rückschläge gehören ebenso dazu, wie herrlich gelungene Tage. Dabei liegt das Geheimnis vor allem im Detail. Personen, die sich in kleinen Schritten ihrem großen Ziel nähern, wird es eher gelingen neu erworbene Fähigkeiten im Alltag umzusetzen und nach einer erfolgreichen Handlung auch, als diejenigen rückwirkend zu erkennen.

Unabhängig von der Methode des gewählten Anti-Antiaggressions-Trainings kann es hilfreich sein, einzelne Erfolge des Tages in Form eines Tagebuches festzuhalten. Hierbei kann eine Art Belohnungssystem hilfreich sein, um den Überblick zu bewahren. Es werden wichtige Ereignisse und eigene emotionale Reaktionen des sich verabschiedenden Tages notiert.

Im Anschluss daran sind alle gelungen, neu erworbenen Lösungsstrategien mit der Farbe grün anzustreichen. Mit einer anderen Farbe, beispielsweise orange oder gelb, werden danach Momente markiert, die beim nächsten Mal konstruktiver gelöst werden können.

Nach und nach wird der grüne Teil der Reflexion überwiegen. Hierfür gibt es keinen zeitlichen Richtwert. Vielmehr folgt jede Person seinem ganz eigenen Rhythmus. Dabei liegt der Fokus auf dem Fortschritt und nicht auf kleinen Rückfällen. Als einzige Grundvoraussetzung gilt, dass der Betroffene sein

Verhalten zugunsten einer erhöhten Lebensqualität tatsächlich selbst in die Hand nehmen möchte und in Begleitung der eigens gewählten Methode ist der Weg das Ziel.

(Grafik: pixabay.de)

Teil 2: Entspannung

U nser Körper ist nicht darauf ausgelegt auf Dauer Höchstleistungen zu vollbringen. Nach einer Überbeanspruchung benötigt er wieder eine Ruhephase, in der er sich wieder erholen kann. Dauerhafter Stress und chronische Überbeanspruchung wirken sich auf das Immunsystem und die Psyche aus. Sie schwächen das Immunsystem und bringen das seelische Gleichgewicht durcheinander. Stressreaktionen sind eine natürliche Reaktion des Körpers, die für unsere Vorfahren überlebenswichtig war. Der Körper schüttet bei Überbeanspruchung und Stress Stresshormone aus, die kurzzeitig die Leistungsfähigkeit steigern. Energiereserven werden freigesetzt und das Immunsystem für kurze Zeit abgebremst. So konnten unsere Vorfahren vor Gefahren fliehen, oder sich auf einen bevorstehenden Kampf rüsten und dabei Leistungen erbringen, die im Normalzustand so nicht möglich sind. Doch nach einer solchen Stressphase benötigt der Körper wieder eine Ruhephase, in der er regenerieren kann. Fehlen die notwendigen Ruhephasen wird das Immunsystem dauerhaft ausgebremst, denn die Stresshormone Adrenalin, Cortisol und Dopamin können vom Körper nicht abgebaut werden. Damit ist der Weg frei für eine Vielzahl von Erkrankungen und für körperliche und seelische Beschwerden der unterschiedlichsten Art. Ein regelmäßiger Wechsel zwischen Anspannungs- und Entspannungsphasen stärkt hingegen das Immunsystem und hält Körper und Geist leistungsfähig und gesund.

In Entspannungsphasen ändern sich eine Vielzahl von Körperfunktionen. So reduzieren sich die Herz- und Atemfrequenz und der Muskeltonus. Der Blutdruck wird niedriger und Hände und Füße werden besser durchblutet und damit wärmer. Kopf- und Rückenschmerzen, Verspannungen und Schlafstörungen werden gelindert, oder sogar vollständig überwunden. Auch die Hirnströme verändern sich in Phasen der Entspannung und sorgen dafür, dass ein Gefühl der Ruhe und Gelassenheit entsteht. Dazu werden vom Gehirn Alpha- und Thetawellen vermehrt produziert. Die Psyche stabilisiert sich und wir fühlen uns innerlich ausgeglichen. Eine laute und unruhige Umgebung wird als weniger störend empfunden und der Mensch wird kreativer und offener für Neues, denn nichts kann ihm mehr aus der Ruhe bringen.

Stress und Anspannung sind für die meisten ein fester Lebensbestandteil. Ärger und Stress im Job, das Kunststück Arbeit und Familie unter einen Hut zu bringen, der tägliche laute und stressige Straßenverkehr und vieles mehr, setzten den Körper unter Anspannung und machen Stress. Ohne bewusst herbeigeführte Phasen der Entspannung können Stresshormone nicht mehr richtig abgebaut werden und führen zu psychischer Belastung und zum Teil ernsthaften Gesundheitsproblemen. Unsere Vorfahren konnten Stresshormone erfolgreich durch Bewegung abbauen. Doch die fehlt den meisten Menschen heutzutage. Umso wichtiger ist es, mit den richtigen Entspannungsübungen Körper und Geist die so notwendigen Phasen der Ruhe zu gönnen.

Die richtigen Entspannungstechniken für Körper und Seele

Entspannungstechniken gibt es viele. Doch mit welcher Technik lässt sich Stress überwinden und Körper und Seele wieder in Einklang bringen? Stress und Anspannung wirken sich immer auf Körper und Seele aus. Der menschliche Organismus reagiert niemals nur mit körperlichen Beschwerden, oder nur mit seelischer Anspannung auf dauerhaften Stress. Beides läuft Hand in Hand und führt zu einem körperlichen und seelischen Unwohlsein. Daher können Entspannungstechniken am Körper, an der Psyche oder an beidem gleichzeitig ansetzen. Welche Entspannungstechnik und welche Übungen am besten passen und helfen, muss jeder für sich selbst entscheiden und herausfinden. Die Wirksamkeit einzelner Entspannungstechniken kann zudem auch situationsabhängig sein. Es ist daher immer gut, einige Techniken zu kennen und je nach Situation einzusetzen. Es gibt Entspannungstechniken, die sich hervorragend dazu eignen dauerhaften Stress und Überbeanspruchung abzubauen und zu mildern. Auf andere Techniken lässt sich insbesondere in akuten Stresssituationen schnell und einfach zurückgreifen. Sie dienen dann sozusagen als Soforthilfe. Wer die eine oder andere Technik ausprobiert, sollte dies auf jeden Fall für einige Zeit tun. Entspannungsübungen wirken nicht sofort bei einer einmaligen Anwendung. Die meisten Entspannungstechniken bedürfen indes einige Zeit der Übung, bevor sie ihre volle Wirkung entfalten. Auch sollte sich niemand selbst damit unter Druck setzen, jetzt und gleich entspannen zu müssen. Entspannung tritt nur ein, wenn alles dafür getan wird, eine Entspannung zu ermöglichen und kann niemals auf Knopfdruck erreicht werden.

Techniken, die über körperliche Entspannung auch Entspannung für die Psyche bewirken

Im Folgenden werden verschiedene Entspannungstechniken vorgestellt, die am Körper ansetzen, um letztendlich körperliche Beschwerden zu lindern und der Psyche zu Ruhe und Gelassenheit zu verhelfen.

Körperliche Bewegung

Unter Stress und Überbeanspruchung werden vom Körper Stresshormone produziert und freigesetzt. Diese verhelfen dem Körper kurzzeitig dazu Höchstleistungen zu vollbringen. Das Immunsystem wird für diese Zeit ausgebremst und der

Mensch kann Dinge bewältigen, die er unter normalen, also stressfreien Bedingungen nicht bewältigen könnte. Er kann in dieser Zeit extremen körperlichen Anstrengungen standhalten und psychische Belastungen ausblenden. Jeder kennt vermutlich Situationen, in denen er Dinge vollbracht hat, von denen er im Nachhinein nicht mehr weiß, wie er das geschafft hat. Schuld daran sind einzig die Stresshormone, die in Stresssituationen freigesetzt werden. Stresshormone müssen jedoch auch wieder abgebaut werden, um Körper und Psyche in den Normalzustand zurückzuversetzen. Der Abbau von Stresshormonen erfolgt auf natürliche Art durch jede Art von körperlicher Bewegung. Unsere Urahnen waren häufig extremen Stresssituationen ausgeliefert. Sie mussten vor Gefahren fliehen, oder sich den Gefahren stellen. In diesen, damals alltäglichen Situationen wurden wie bei uns Stresshormone freigesetzt. Während unsere Urahnen jedoch laufend in körperlicher Bewegung waren, ist dies heutzutage bei den meisten Menschen nicht mehr so. Mangelnde Bewegung in Kombination mit psychischem Stress ist daher weitverbreitet und führt dazu, dass so viele Menschen von Kopf- und Rückenschmerzen, Schlafstörungen, Bluthochdruck und im schlimmsten Fall von Herzinfarkten oder Schlaganfällen betroffen sind. Körperliche Bewegung in jeder Form ist daher ein erster und wichtiger Schritt zur Entspannung. Eine regelmäßige körperliche Betätigung hilft dabei Stresshormone abzubauen und körperlichen Beschwerden entgegenzuwirken. Bei einer sportlichen Betätigung werden zudem Glückshormone freigesetzt. Sport wirkt sich daher auch positiv auf Geist und Seele aus. Zum Stressabbau und zum Erhalt der physischen und psychischen Gesundheit eignet sich im Grunde jede Art von Sport. Wichtig ist nur die regelmäßige körperliche Bewegung. Es muss keine Extremsportart oder eine besonders anstrengende und leistungsorientierte Sportart sein, wenn es darum geht, Entspannung zu finden. Regelmäßige Spaziergänge oder gemütliches

Rad fahren reichen völlig aus, um zur Entspannung zurückzufinden.

Für eine schnelle Entspannung nach anstrengenden und nervenaufreibenden Tagen eignen sich am besten alle körperlichen Aktivitäten mit einem gleichbleibenden Bewegungsrhythmus. Dazu zählen beispielsweise Spazierengehen, Walken, Joggen oder Schwimmen.

Innere Unruhe lässt sich durch Tanzen, Treppensteigen und sogar Sex erfolgreich abbauen. Wer körperlich fit ist, erreicht mit Sportarten, bei denen der Körper so richtig ausgepowert wird, eine wohltuende geistige und körperliche Ruhe und Entspannung. Beispiele dazu wären etwa Squash und Tennis, aber auch Spinning oder ein anstrengendes Fitnesstraining. Welche Art der körperlichen Bewegung in Frage kommt, hängt von der individuellen körperlichen Konstitution ab. Körperliche Bewegung zur Entspannung zielt nicht darauf ab, körperliche Höchstleistungen zu vollbringen, sondern Körper und Geist wieder in Einklang zu bringen und zu Ruhe und Ausgeglichenheit zurück zu finden. Insofern ist die körperliche Bewegung für Menschen jeden Alters und jeder Konstitution eine einfache und wirkungsvolle Entspannungstechnik, die sich auf lange Sicht auszahlen wird.

Yoga

Yoga zählt wohl zu den bekanntesten Entspannungstechniken. Viele denken dabei jedoch nur an akrobatische Verrenkungen und schließen Yoga als Weg zur Entspannung für sich selber aus. Dabei ist Yoga in seinem Ursprung eine philosophische Lehre aus Indien, in der es darum geht körperliche Übungen mit Meditation und Atem- und Konzentrationsübungen zu kombinieren und so eine innere und äußere Balance zu erreichen. So kann Stress abgebaut und verhindert werden. Yoga verleiht innere Kraft und hilft dabei zu entspannen.

Yoga ist ein Übungsweg über den Körper, Geist und Seele in Einklang gebracht werden. Während bei uns Yoga in erster Linie darauf abzielt den Körper beweglicher und kräftiger zu machen und dabei gleichzeitig den Geist zu entspannen, geht die ursprüngliche Yoga-Lehre viel weiter. Dabei geht es vielmehr darum den Geist zu verstehen und Praktiken zu erlernen, um diesen zu beruhigen, zu entspannen und friedlicher zu machen. Mit Yoga können Menschen jeden Alters beginnen. Niemand muss akrobatische Fähigkeiten besitzen, um Yoga als Entspannungstechnik einzusetzen. Die Schwierigkeit der Übungen kann langsam gesteigert werden, doch auch Anfänger können mit Yoga-Übungen schon große Erfolge erzielen, wenn es darum geht ruhiger, gelassener und entspannter zu werden. Yoga kann in Kursen erlernt werden. Auch Bücher und DVDs können als Übungsanleitungen gute Dienste tun. Wer die Yoga-Lehre jedoch ernsthaft verstehen und für das eigene Wohlbefinden nutzen möchte, kann dies, zumindest am Anfang, mithilfe eines Yoga-Lehrers am besten tun.

Es gibt viele unterschiedliche Yoga-Stile. Doch alle Yoga-Varianten eignen sich als Technik zur Entspannung. Eine Yoga-Stunde besteht grundsätzlich aus den sogenannten Asanas, den Pranayamas und speziellen Entspannungsübungen. Die Asanas sind die allgemein bekannten Körperübungen des Yoga. Vom Sonnengruß, dem Baum oder der Kobra hat vermutlich schon jeder im Zusammenhang mit Yoga etwas gehört. Doch hinter den ausdrucksstarken Übungsnamen verbergen sich nicht nur Körperübungen, die nur von erfahrenen Yogis mit einer unglaublichen Beweglichkeit ausgeführt werden können. Stattdessen gibt es im Yoga auch Körperübungen, die für Anfänger leicht erlernbar sind. Die Asanas werden entweder für eine bestimmte Zeit lang gehalten, oder als Bewegungsabläufe, die mit dem Atemrhythmus synchron erfolgen, absolviert. Am Ende einer Yoga-Stunde oder Einheit findet immer eine Abschlussmeditation statt, bei der sich auf den Atem konzentriert wird und dabei eine gedankliche Reise durch den Körper gemacht wird.

Die fünf Tibeter

Die Entspannungstechnik der fünf Tibeter ist eine Abwandlung des Yoga. Das Training besteht nur aus fünf speziellen Yoga Übungen, die dabei helfen körperliche Verspannungen zu lösen, mehr Selbstbewusstsein zu erlangen und Stress und Abgeschlagenheit loszulassen. Angeblich gehörten die fünf Tibeter zu den geheimen Riten tibetanischer Mönche und waren für sie eine ewig während „Quelle der Jugend". Doch auch wenn sich viele Mythen um diese Entspannungsübungen ranken und die fünf Tibeter oftmals als esoterische Übungen bezeichnet werden, wurden in einer großen Studie einer Medizinerin aus Magdeburg bereits einige der nachgesagten wohltuenden Wirkungen medizinisch nachgewiesen. Noch ist die Studie nicht abgeschlossen, doch konnte bei Probanden, die mehr als drei Jahre diese Entspannungstechnik anwendeten eine verbesserte Lungenfunktion, weniger Körperfett und mehr Muskelmasse sowie ein schnellerer Abbau von Stresshormonen nachgewiesen werden. Als Vergleichsgruppe nahmen Menschen mit ähnlicher körperlicher Verfassung und vergleichbarem Stressfaktor an der Untersuchung teil, die aber die fünf Tibeter nicht praktizierten.

Die fünf Übungen dieser Entspannungstechnik werden als 1., 2., 3., 4. und 5. Tibeter bezeichnet. Im 1. Tibeter werden, ausgehend von der Grundstellung mit hüftbreit auseinanderstehenden Füßen und aneinandergelegten Handflächen vor dem Gesicht, die Arme seitwärts ausgebreitet und anschließend gedreht. Im 2. Tibeter werden aus der Liegeposition heraus die Beine in einer bestimmten Bewegungsabfolge abwechselnd gehoben und wieder abgesenkt. Der 3. Tibeter wird kniend ausgeführt. Dabei wird nur der obere Rücken nach vorn und nach hinten gebeugt. Der 4. Tibeter wird auch „Die Brücke" genannt. Dabei wird, ähnlich wie im Sportunterricht in der Schule, eine Brücke geschlagen, sodass das Körpergewicht nur auf den Händen und Füßen ruht. Der 5. Tibeter entspricht dem bekannten Asana „Die Kobra" aus dem Yoga. Dabei werden im Fersensitz Kopf und Arme nach vorn gebeugt und anschließend die Beine gestreckt und das Gesäß nach oben gebracht. Bei allen Tibeter-Übungen spielt die Atmung eine wichtige Rolle. Die Körperübungen müssen mit der Atmung in absoluten Einklang erfolgen. Die fünf Tibeter eignen sich als tägliche Übungsabfolge zur Entspannung und zur Steigerung des körperlichen Wohlbefindens. Dazu ist ein Zeitaufwand von nur 10 bis 20 Minuten täglich notwendig. Diese Entspannungstechnik kann entweder im Selbststudium oder in Kursen erlernt werden. Ein fünf Tibeter Kurs ist in der Regel recht kurz, denn die Übungen sind schnell erklärt und erlernbar, sodass sich die fünf Tibeter insbesondere für Menschen anbietet, die weder Lust noch Zeit haben einen wöchentlich stattfindenden Kurs zu belegen.

Tai Chi

Tai Chi wird oftmals auch als Yoga für Unbewegliche bezeichnet. Das ist jedoch völlig falsch, denn Yoga und Tai Chi haben nichts miteinander zu tun. Während Yoga ursprünglich aus Indien stammt, ist Tai Chi eine uralte Lehre aus China und zählt zu den chinesischen Kampfkünsten. Tai Chi besteht aus vielen verschiedenen Figuren und fließenden Bewegungsabläufen, die innere Blockaden lösen und die Lebensenergie sowie die Wahrnehmung kräftigen sollen. In der chinesischen Lehre sollen Tai Chi Übungen Ying und Yang harmonisieren.

Mit statischen Figuren und Bewegungsabläufen werden beim Tai Chi tierische Verhaltensweisen nachempfunden. Bewegungsabläufe werden langsam, nahezu in Zeitlupentempo ausgeführt. So werden auf sanfte Art Spannungen aufgebaut und anschließend wieder abgebaut. Obwohl Tai Chi durch seine extrem langsamen Bewegungsabläufe gekennzeichnet ist, bleiben beim Tai Chi alle Teile des Körpers ständig in Bewegung.

Tai Chi ist ein wichtiger Bestandteil der chinesischen Medizin (TCM) und hat nachweislich gesundheitsfördernde Wirkung. So kann nicht nur die Psyche, sondern auch die Atmung, das gesamte Nervensystem sowie das Herz-Kreislaufsystem mit Tai Chi positiv beeinflusst werden.

Qi Gong

Qi Gong, häufig auch unter der Bezeichnung Chigong bekannt, ist ähnlich wie Tai Chi eine alte chinesische Lehre. Qi bedeutet übersetzt „Atem" oder „Energie", Gong heißt „Übung" oder „Kunstfertigkeit". Mit dieser Übersetzung wird deutlich, um was es beim Qi Gong geht. Die chinesische Lehre besteht aus einer Kombination von Bewegung, Atem und Visualisierung und ist, wie das Tai Chi, ebenfalls ein fester Bestandteil in der chinesischen Medizin (TMC). Die Übungen bestehen aus fließenden Bewegungen, bei denen aktiv auf eine ruhige Atmung geachtet werden muss. Qi Gong versteht sich als Kunstfertigkeit, mit der die grundlegende Lebensenergie aktiviert und geformt werden soll. Qi Gong wirkt vitalisierend und gleichsam entspannend.

Qi Gong ist für Menschen jeden Alters als Entspannungstechnik geeignet. Zum Erlernen und Ausüben sind weder eine große Beweglichkeit, noch eine besondere sportliche Begabung notwendig.

Pilates

Pilates ist vielen als ein Trainingsprogramm zur Verbesserung der Figur und damit als typischer „Frauensport" bekannt. Tatsächlich ist Pilates jedoch ein systematisches Ganzkörpertraining, das in vielen Punkten durchaus mit dem Yoga zu vergleichen ist. Beim Pilates werden alle Muskelgruppen gleichmäßig trainiert. Ziel dabei ist die tragende Mitte des Körpers, also die Wirbelsäule, zu stabilisieren, aufrecht und beweglich zu erhalten. Verspannungen und Rückenschmerzen können so gelöst werden. Pilates ist damit ein guter Weg, um häufige Begleiterscheinungen eines stressigen Alltags anzugehen und bietet somit einen Weg zu mehr Wohlbefinden und zur Entspannung.

Insgesamt gibt es rund 500 verschiedene Pilates-Übungen. Sie werden auf einer Matte ausgeführt und bestehen im Wesentlichen aus Dehn-, Streck- und Entspannungsbewegungen. Alle Bewegungen sollen im Einklang mit der Atmung erfolgen. Die Konzentration und Aufmerksamkeit liegt also während der Pilates Übungen ganz auf dem eigenen Körper und der eigenen Atmung. Stressfaktoren und Probleme des Alltags treten in den Hintergrund und der Geist wird frei, ruhig und entspannt.

Ähnlich wie Yoga kann Pilates in Kursen erlernt und ausgeübt werden, aber auch zuhause mit der Unterstützung von Büchern, Videos, CDs oder DVDs praktiziert werden. Die meisten Fitness-Studios haben Pilates-Kurse im Programm, sodass dieses Fitness- und Wellnessprogramm nahezu überall absolviert werden kann.

<u>Ausdauertraining</u>

Alle Sportarten, bei denen es sich hauptsächlich um ein gezieltes Ausdauertraining handelt, sind auch als Entspannungstechnik einsetzbar. Sie helfen dabei, durch Stress aufgestaute Energien planvoll abzubauen. Insbesondere Menschen, die geistig stark gefordert sind, den ganzen Tag über sitzen, eine innere Unruhe und einen starken Bewegungsdrang verspüren oder an Zerschlagenheit leiden, können mit einem gezielten Ausdauertraining Stresshormone schnell wieder abbauen, Spannungen auflösen und zurück zu einer geistigen und körperlichen Gelassenheit finden.

Sport ist im Allgemeinen ein gutes Mittel zum Stressabbau. Doch Ausdauersportarten bringen den größten Erfolg. Grund dafür ist der gleichmäßige Bewegungsablauf. Durch Sport werden nicht nur Spannungen abgebaut. Auch die Produktion von Serotonin wird durch die körperliche Anstrengung beim Sport angeregt. Serotonin ist auch als Glückshormon bekannt. Es hebt die Stimmung und wirkt dabei anregend und gleichzeitig auch entspannend.

Die progressive Muskelentspannung nach Jacobson

Die progressive Muskelentspannung wurde von dem Mediziner Edmund Jacobson entwickelt und ursprünglich in der Verhaltenstherapie eingesetzt. Dabei werden einzelne Muskelgruppen gezielt an- und entspannt. In einer Therapiestunde werden gewöhnlich nacheinander alle wichtigen Muskelgruppen in die Übung einbezogen. Die Übungsteilnehmer konzentrieren sich dabei darauf, das An- und Entspannen der Muskulatur bewusst zu spüren und erreichen so einen tiefen Entspannungszustand. Mit dieser Methode können Verspannungen gelöst, Stress abgebaut und neue Energie getankt werden. Die Jacobson-Methode hilft außerdem bei Schlafstörungen und vielen körperlichen Beschwerden. So können Kopfschmerzen, aber auch Bluthochdruck wirkungsvoll damit therapiert werden.

Bei der progressive Muskelentspannung nach Jacobson muss grundsätzlich darauf geachtet werden, dass die Muskulatur nur soweit angespannt wird, dass ein leichtes Ziehen zu verspüren ist. Keinesfalls darf es dabei zu Verspannungen kommen. Nach dem Anspannen wird die Spannung wieder losgelassen. Dabei soll sich der Übende auf das angenehme Gefühl der Entspannung konzentrieren. Die gesamte Übung beginnt in der Regel mit dem Anspannen der rechten Faust. Darauf folgen die Oberarmmuskeln, dann die Unterarmmuskeln. Die An- und Entspannung wird dann über Stirn, Augenbrauen, Augen, Lippen, Zunge und Zähne in den Nacken und anschließend zum Kinn geleitet. Danach werden Schultern, Schulterblätter, Brustkorb, Bauch und Gesäß an- und wieder entspannt, bis letztendlich die Übung mit der An- und Entspannung der Oberschenkel und Unterschenkelmuskulatur endet. Nach dem Ende der Muskelübungen sollen die Entspannung und das Gefühl des Wohlbefindens noch für einige Minuten der Ruhe genossen werden, bevor die Übungseinheit beendet wird.

Die progressive Muskelentspannung nach Jacobson kann durchaus im Selbststudium mithilfe von Büchern, CDs oder DVDs erlernt werden. Doch werden auch häufig Kurse von den Krankenkassen oder von Volksschulen angeboten. Diese Entspannungstechnik kann von Menschen jeden Alters ausgeführt werden. Einzig Menschen mit Kreislaufproblemen sollten zunächst mit ihrem Arzt absprechen, ob für sie die progressive Muskelentspannung nach Jacobson eine geeignete Entspannungstechnik ist. Zur Anwendung dieser Technik ist weder eine besondere Beweglichkeit, noch eine besondere sportliche Begabung notwendig. Für eine komplette Übung muss in etwa mit einem Zeitaufwand von circa 20 bis 30 Minuten gerechnet werden. Die progressive Muskelentspannung nach Jacobson ist damit eine Entspannungstechnik, die durchaus täglich absolviert werden kann.

Jin Shin Jyutsu

Jin Shin Jyutsu ist eine japanische Heilmethode, die als Entspannungstherapie und zur Linderung vieler damit verbundener körperlicher Beschwerden eingesetzt wird. Nach der alten japanischen Lehre soll Jin Shin Jyutsu die Lebensenergie harmonisieren. Dabei werden 26 Energiezentren (auch Energieschlösser genannt) am ganzen Körper unterschieden. Durch sanfte Berührung dieser Punkte werden Energieblockaden gelöst und Körper und Seele wieder ins Gleichgewicht gebracht. Nach der Jin Shin Jyutsu Lehre sind körperliche Beschwerden, die aufgrund von Stress und innerer Unausgeglichenheit entstehen, Warnsignale, die der Körper aussendet, damit mit geeigneten Methoden entgegengewirkt werden kann. So lassen sich Muskelverspannungen, Kopfschmerzen, Rückenschmerzen, Schlafstörungen und innere Krisen nach der Jin Shin Jyutsu Methode nur durch die Berührung der entsprechenden Energiezentren mit den Händen behandeln und die Selbstheilungskräfte aktivieren und stärken.

EFT (Emotional Freedom Techniques)

Emotional Freedom Techniques, kurz EFT genannt, ist eine noch recht junge Entspannungstechnik. Sie wurde erst Mitte der 1990-er Jahren von dem Amerikaner Gary Craig entwickelt. Die Therapie ist eine Methode aus der energetischen Psychologie. EFT ist verblüffend einfach und doch äußerst wirkungsvoll. Ziel der Behandlung ist es, Blockaden im Energiesystem zu lösen. EFT ist eine Klopfakupressur, die sich an bestimmten Meridian-Punkten am Kopf, am Oberkörper und an den Händen orientiert. Diese Meridian-Punkte werden auch bei der Akupunktur genutzt. Während der Behandlung konzentriert sich der Patient auf ein Problem und die damit verbundenen Gefühle. Mit EFT lassen sich auch akute emotionale Erregungen wirkungsvoll entspannen.

EFT ist eine einfache Entspannungstechnik und lässt sich daher in seiner Grundform von jedem erlernen und in Selbstanwendung ausüben. Genau wegen dieser Einfachheit und seiner enormen Effektivität gehört EFT zu den bekanntesten Entspannungsmethoden, obwohl Emotional Freedom Techniques eine noch sehr junge Heilmethode zur Entspannung und zum Stressabbau ist.

Massagen

Bei den Massagen werden medizinische Massagen von den Entspannungsmassagen unterschieden. Die klassischen oder medizinischen Massagen werden meist vom Arzt aufgrund akut vorliegender körperlicher Beschwerden verordnet. Mit bestimmten Handgriffen wird die Muskulatur gelockert und die Durchblutung gefördert. Durch Streichen, Kneten, Reiben, Klopfen und Vibrieren wird auch das tiefer liegende Gewebe durch die Massage erreicht. Medizinische Massagen werden vom Masseur oder Physiotherapeut professionell durchgeführt und werden nicht nur bei den klassischen Beschwerden des Bewegungsapparates, rheumatischen Erkrankungen oder Arthrosen angewendet. Stattdessen dienen sie auch zur Heilung psychosomatischer und psychischer Überlastungserscheinungen, die durch Stress oder Burn Out verursacht werden.

Entspannungsmassagen werden im Gegensatz zu medizinischen Massagen nicht in erster Linie aufgrund von körperlichen Beschwerden durchgeführt, sondern zum Zwecke der Entspannung und Erholung. Sie sollen für Körper, Geist und Seele eine Auszeit sein, in der wieder neue Kräfte gesammelt werden können. Bei den sogenannten Wellness-Massagen wird daher auch auf ein entspannendes Ambiente Wert gelegt. Stressbedingte Verspannungen werden auch durch eine Wellness-Massage gelöst. Wellness-Massagen gibt es in verschiedenen Formen und Ausführungen. Oftmals sind diese mit verschiedenen Packungen zur Steigerung des Wohlbefindens kombiniert.

Thai Massage

Auch die Thai Massage gehört zu den Wellness-Massagen, unterscheidet sich jedoch von den westlich geprägten Wellness-Massagen, denn die Thai Massage ist eine Kombination aus Akupressur, Dehnungen, Meditation und Energiearbeit. Die Thai-Massage stammt aus der ayurvedischen Medizin und soll, ähnlich wie viele asiatische Entspannungstechniken, Energieblockaden lösen. Eine echte Thai Massage wird niemals zur Linderung bestehender körperlicher Beschwerden eingesetzt. Stattdessen soll die Thai Massage diesen vorbeugen und Körper, Geist und Seele so in Einklang bringen, dass erst gar keine stressbedingten Beschwerden eintreten.

Eine Thai Massage findet in bekleidetem Zustand statt und dauert zwischen 2 und 2,5 Stunden. Die Massage ähnelt eher einem Ritual als einer klassischen medizinischen Massage. Sie versetzt Patient und Therapeut in eine Art meditativen Zustand, der zu einer vollkommenen Tiefenentspannung führt. Dabei wird der Patient vorsichtig gedehnt und gelangt so in verschiedene Stellungen, die aus dem Yoga bekannt sind. Bei der Thai Massage spricht man daher auch von passivem Yoga. Während der Massage werden zudem alle Gelenke passiv bewegt und der gesamte Körper massiert. Durch die Aktivierung verschiedener Energiepunkte wird der Patient zudem energetisiert. Dabei wird die Atmung vertieft. Dazu beinhaltet eine Thai Massage zumeist noch verschiedene Kräuterpackungen. Die ganzheitliche Anwendung führt zu einer Tiefenentspannung und befreit den Patienten sowohl von körperlichen, als auch emotionalen und geistigen Blockaden und Verspannungen.

Fußreflexzonenmassage

Auch die Fußreflexzonenmassage ist eine Behandlungstechnik, die aus Asien stammt. Ob sie ursprünglich aus China, Indien oder gar Ägypten kommt, ist nicht ganz eindeutig. Die zugrundeliegende Theorie der Fußreflexzonenmassage geht davon aus, dass bestimmte Zonen an den Fußsohlen mit den unterschiedlichsten Körperteilen und Organen in direktem Kontakt stehen. So korrespondieren beispielsweise Augen, Nase und die Nasennebenhöhlen mit den Zehenballen. Rücken und Wirbelsäule stehen hingegen in direktem Kontakt zum Innenrist des Fußes. Bei einer Fußreflexzonenmassage wird ein bestimmter Druck auf die jeweiligen Fußzonen ausgeübt, die in Kontakt mit den zu behandelnden Organen oder Körperteilen stehen. Diese Behandlungsmethode wird bei verschiedenen Gesundheitsproblemen gerne angewendet. Ein klassisches Beispiel für die medizinische Therapie durch eine Fußreflexzonenmassage sind Rückenleiden. Doch kann eine Fußreflexzonenmassage auch zum Stressabbau und zur Entspannung dienen, denn durch die Stimulierung bestimmter Druckpunkte am Fuß werden auch die Nervenbahnen stimuliert und Blockaden gelöst. Eine als Entspannungstherapie angewandte Fußreflexzonenmassage wird oftmals durch die Verwendung aromatisierter Massageöle ergänzt und sorgt so für ein Gefühl des Wohlbefindens und der Entspannung.

Akupressur

Die Akupressur ist eine Therapieform der traditionellen chinesischen Medizin (TMC) und wird bereits schon seit mehr als 5000 Jahren praktiziert. Ziel der Akupressur ist die Harmonisierung der Körperenergien. In der TMC werden sämtliche Organe und Körperfunktionen fünf Basisenergien zugeordnet. Diese durchströmen den Körper durch Energiekanäle, die auch als Meridiane bezeichnet werden. Auf den Meridianen gibt es bestimmte Punkte, durch die die Energien ein- und austreten. Diese sogenannten Reizpunkte werden durch die Akupressur stimuliert und angeregt. So werden Körper und Geist in Einklang gebracht und die Selbstheilungskräfte im Körper aktiviert. Die Akupressur wird oftmals auch als „Akupunktur ohne Nadeln" bezeichnet, denn Akupressur und Akupunktur nutzen dieselben Meridiane und Energiepunkte. Die Akupressur wird zur Behandlung unterschiedlichster körperlicher Beschwerden eingesetzt, hat aber auch eine große entspannende Wirkung, sodass die Akupressur auch als eine Entspannungstechnik zum Stressabbau und zum Finden der inneren Ruhe und Gelassenheit dient. In der Akupressur gibt es drei Grundrichtungen: Die Shiatsu Methode, die mit Massage arbeitet, die Akupressurmassage nach Penzel sowie Jin Shin Do, wobei mit Druck gearbeitet wird.

Shiatsu

Ähnlich wie die Thai Massage ist auch Shiatsu eine ganzheitliche Entspannungstherapie, bei der Körper, Atem und Geist als Einheit betrachtet und in Einklang gebracht werden. Die Shiatsu Massage stammt aus Japan und vereint traditionelle Lehren aus der traditionellen chinesischen Medizin (TCM) mit modernen Entspannungstechniken. Die Shiatsu Massage wird am bekleideten Patienten durchgeführt. Dabei wird der gesamte Körper durch Drucktechniken behandelt, die der Therapeut mit den Fingern, den Händen und des Ellenbogens durchführt. Ziel der Shiatsu Massage ist die Förderung der Lebensenergie. Körper, Atem und Geist sollen in Einklang gebracht werden und Gesundheit und Vitalität so erhalten bleiben. Dazu wird das Nervensystem durch eine wohldosierte Druckmassage an den verschiedenen Druck- oder Energiepunkten der Meridiane am ganze Körper positiv beeinflusst. Durch die Stimulierung des vegetativen Nervensystems und eine tiefe und gleichmäßige Atmung wird eine Balance zwischen Körper, Geist und Atmung erzielt, die den Patienten gleichzeitig entspannt und belebt. Eine Shiatsu Massage dauert etwa 60 Minuten und wird von ausgebildeten Shiatsu Masseuren ausgeführt.

Akupressurmassage nach Penzel (AMP)

Die Akupressurmassage nach Penzel wurde von dem deutschen Masseur Willy Penzel entwickelt, der sich dabei am Wissen der fernöstlichen Medizin und den Techniken der Akupressur orientierte. Anders als bei der Shiatsu Massage streicht der Therapeut bei der AMP mit Massagestäbchen an den Meridianen entlang und stimuliert, je nach individuellem Befund, bestimmte Energiepunkte. Auch mit der AMP können die unterschiedlichsten Gesundheitsstörungen sowie psychische (Stress-)Belastungen therapiert werden. Durch die Massage werden innere Blockaden gelöst und der Patient erfährt eine tiefe Entspannung an Körper und Geist.

Jin Shin Do

Jin Shin Do ist ebenfalls eine Behandlungstechnik, die der Akupressur zugeordnet werden kann. Ähnlich wie die Shiatsu Massage ist auch Jin Shin Do eine Druckmassage, bei der die Energiepunkte auf den Meridianen stimuliert werden. Stress wird per Fingerdruck reduziert und die Energien im Körper ausbalanciert. Auf einfach Art kann die Jin Shin Do Akupressur als Selbsthilfe bei Verspannungen und zum Stressabbau eingesetzt werden. In Form einer professionellen Therapie können mit Jin Shin Do verschiedene Behandlungsschwerpunkte in einer Behandlung zusammengeführt werden. Der Unterschied zwischen Shiatsu und Jin Shin Do liegt in der langsamen und ruhigen Ausführung der Jin Shin Do Druckmassage. Jin Shin Do führt zu einer tiefen körperlichen und seelischen Entspannung und einem erhöhten Bewusstsein.

Techniken zur mentalen Entspannung

Neben den Entspannungstechniken, die über die entspannende Stimulation des Körpers zu einer mentalen Entspannung führen, gibt es Entspannungstechniken, die sich direkt auf den Geist auswirken und über die mentale Entspannung auch eine körperliche Entspannung hervorrufen. Beide Ansätze haben dasselbe Ziel, erreichen dieses jedoch auf unterschiedlichen Wegen.

Autogenes Training

Das autogene Training ist ein Autosuggestionsverfahren und gehört zu den bekanntesten Entspannungstechniken. Entwickelt wurde es von dem Nervenarzt J. H. Schultz zur Selbstentspannung. Durch autogenes Training kann eine vertiefte und veränderte Wahrnehmung des eigenen Körpers erreicht werden, die zu einer tiefen mentalen Entspannung, aber auch zur Entspannung der Muskulatur führt. Mit autogenem Training wird das vegetative Nervensystem auf direkte Art mittels Autosuggestion beeinflusst.

Autogenes Training kann in Gruppen oder alleine erlernt und durchgeführt werden. Die Übungen können im Liegen, Sitzen oder Stehen absolviert werden. Wer die Methode einmal beherrscht, kann sie überall und jederzeit anwenden. Das autogene Training besteht aus zwei Stufen. Zur Unterstufe gehören sechs autosuggestive Übungen, die in erster Linie der Entspannung dienen. Die Schwere-Übung erzeugt ein Gefühl der Schwere. „Der rechte Arm ist ganz schwer" ist eine typische Autosuggestion. Die Wärme-Übung erzeugt ein Wärmegefühl in Armen und Beinen und regt die Durchblutung an. Mit der Atem-Übung wird durch ruhiges und tiefes Ein- und Ausatmen die Entspannung vertieft. Hier wird häufig die Autosuggestion „Mein Atem fließt ruhig" eingesetzt. Bei der Herz-Übung wird die Konzentration autosuggestiv auf den eigenen Herzrhythmus gelenkt. So kommt es zu einer weiteren Beruhigung des vegetativen Nervensystems. Die Sonnengeflecht-Übung konzentriert sich auf den Solarplexus. In der Kopf-Übung wird letztendlich die Autosuggestion auf einen kühlen Kopf gelenkt. Um durch diese sechs Übungen zu einer tiefen Entspannung zu gelangen, erfordert es einige Zeit der Übung. Erst wer die Übungen der Unterstufe beherrscht, kann anschließend die Oberstufe des autogenen Trainings durchlaufen. Diese besteht aus insgesamt sieben Sitzungen, die zur Selbsterkenntnis und zu einer weiteren Entspannung führen. Diese sieben Sitzungen umfassen im Einzelnen: Farberlebnisse, das Wahrnehmen konkreter Gegenstände, die Betrachtung ideeller Werte, Übungen zur Charakterbildung durch Fragen (Beispielfrage: Wer bin ich?), eine imaginäre Reise auf den Meeresgrund, eine imaginäre Reise auf den Gipfel eines Berges sowie die Entwicklung eigener Bilder mit einer selbstbestimmten Zielsetzung.

Das autogene Training ist eine der wirkungsvollsten Entspannungstechniken, setzt aber ein hohes Maß an Disziplin voraus. Kurse zum autogenen Training werden von Volkshochschulen und Krankenkassen angeboten. Das autogene Training kann aber auch im Selbststudium erlernt werden. Dazu gibt es CDs, DVDs und Bücher, die dabei helfen die Technik unter Anleitung zu erlernen. Das autogene Training kann dann zuhause angewendet werden. Viele entscheiden sich jedoch lieber für ein autogenes Training in der Gruppe.

Meditation

Die Meditation ist als eine spirituelle Aktion ein fester Bestandteil in vielen Religionen. Durch Meditation versuchen die Gläubigen zu einer innere Leere zu gelangen und Ruhe und Stille zu verspüren. Die Meditation ist jedoch bei weitem keine rein religiöse Praxis. Inzwischen ist wissenschaftlich bewiesen, dass Meditation eine messbare Wirkung auf die Gesundheit, das Gehirn und unsere Gedanken hat. Meditation ist daher auch eine wirkungsvolle Technik zum Erlangen einer mentalen Entspannung. Dabei sind verschiedene Meditationstechniken zu unterscheiden. Die wesentlichen Formen sind die Ruhemeditation, die aktive Meditation und die Achtsamkeitsmeditation. Meditation wirkt sich gleichermaßen auf Körper und Geist aus. So verändern sich die Hirnwellen, die Atmung vertieft sich, der Herzschlag wird langsamer und die Muskelspannung verringert sich. Auf mentaler Ebene kommt es zu einer tiefen Entspannung und einer Steigerung des Wohlbefindens. Im klinischen Gebrauch und dabei insbesondere zum Stressabbau werden vorwiegend die Achtsamkeitsmeditation und die Benson-Meditation angewendet. Die wohl bekannteste Meditationsart ist die transzendentale Meditation.

Transzendentale Meditation

Die transzendentale Meditation (TM) ist laut vieler Studien die erfolgreichste Methode zur Stressbewältigung. Transzendieren bedeutet tiefe Ruhe empfinden und geht damit weit über eine einfache Entspannung hinaus. Die TM ist eine sehr einfache und direkte Meditationsart, die völlig mühelos und ohne Anstrengung erlernt werden kann. Die transzendentale Meditation führt den Geist weg vom Alltagsbewusstsein bis hin in die vollkommene Stille des reinen Bewusstsein, welches in der Meditationstheorie als die Urform des Seins gilt. Die TM ist eine Meditationstechnik, die sehr verbreitet und bekannt ist und bis heute nach der Tradition vedischer Meister gelehrt wird. Ausgeführt wird die TM im Sitzen. Um zu einer dauerhaften Entspannung zu finden, wird empfohlen täglich zwei Sitzungen mit einer Dauer von jeweils 20 Minuten zu absolvieren. Die TM wird in vielen Meditationszentren gelehrt und kann auch im Selbststudium über CDs, Bücher oder DVDs erlernt werden.

Achtsamkeitsmeditation

Die Achtsamkeitsmeditationstechnik eignet sich so gut als Entspannungstechnik, weil diese Art der Meditation sehr schnell und einfach zu erlernen ist. Die Bezeichnung „Achtsamkeit" deutet bereits auf den wesentlichen Aspekt dieser Meditationsform. Ausgeführt wird die Achtsamkeitsmeditation im Sitzen. Dabei wird eine möglichst aufrechte Haltung eingenommen. Die gesamte Aufmerksamkeit (Achtsamkeit) soll auf alle körperlichen, emotionalen und geistigen Empfindungen des Hier und Jetzt gerichtet werden. Alles, was wahrgenommen wird, soll einfach nur wahrgenommen und akzeptiert werden, ohne dass dabei eine Beurteilung stattfindet. Ziel der Achtsamkeitsmeditation ist eine Befreiung vom Ego und die Auflösung jeglicher Dualität zwischen dem, was tatsächlich ist und den eigenen Gefühlen und Empfindungen dazu. Wie alle Meditationstechniken muss auch die Achtsamkeitsmeditation regelmäßig ausgeübt werden, bevor sich eine entspannende Wirkung einstellt. Die Achtsamkeitsmeditation ist jedoch anders, als viele andere Meditationstechniken leicht erlernbar und kann dann überall und in allen Stresssituationen angewandt werden.

Benson Meditation

Die Benson Meditation ist eine noch recht junge Meditationstechnik, die von dem Kardiologen Herbert Benson erst in den 1970-er Jahren entwickelt wurde. Er übernahm für seine Meditation die alt bekannte Mantra-Technik und entwickelte daraus eine Atemübung, bei der beim Ausatmen ein Mantra (das ständige Wiederholen eines Wortes) wiederholt wird. Die Benson Meditation soll in einer ruhigen Umgebung und in einer entspannten und passiven Körperhaltung für 10 bis maximal 20 Minuten ausgeübt werden. Durch die Benson Meditation werden nachweislich weniger Stresshormone ausgeschüttet und ein Gefühl der Entspannung erlangt. Im klinischen Bereich wird die Benson Meditation zudem auch bei der Behandlung von Angstgefühlen und depressiven Zuständen angewendet.

Selbsthypnose

Selbsthypnose gehört wie auch das autogene Training zu den Techniken der mentalen Selbstbeeinflussung. Sie kann ähnlich wie Fremdhypnose zur Therapie unterschiedlichster Beschwerden und Leiden eingesetzt werden. Bei der Fremdhypnose erfolgt die Hypnosebehandlung durch den Therapeuten oder einen Hypnotiseur. Durch Selbsthypnose kann sich jeder ohne fremde Hilfe therapieren. Neben der Behandlung seelischer Störungen, psychisch bedingter Schmerzen, Schlaflosigkeit und zur Optimierung der eigenen Persönlichkeit oder der Leistungsfähigkeit, ist die Selbsthypnose eine wirksame Entspannungstherapie. Bei der Selbsthypnose bringt sich der Entspannungssuchende selbst in den Hypnosezustand, auch Trance genannt und gibt sich dann selbst die Suggestionen ein. Im Trancezustand produziert das Gehirn vornehmlich Alpha- und Thetawellen. Die Menge der produzierten Alpha- und Thetawellen bestimmt den Entspannungsgrad eines Menschen. Je mehr Alpha- und Thetawellen vom Gehirn produziert werden, desto entspannter ist der Mensch. Selbsthypnose ist eine Technik, mit der eine Tiefenentspannung möglich ist. Im Zustand der Tiefenentspannung ist auch die Suggestionsempfänglichkeit gesteigert, sodass Befehle und Suggestionen leichter vom Unterbewusstsein aufgenommen werden. Selbsthypnose unterscheidet sich in ihren Auswirkungen auf das Gehirn und das Unterbewusstsein eigentlich nicht von der Fremdhypnose, denn nur wer sich selbst soweit beeinflusst, dass er die eigenen Suggestionen und Befehle oder die Suggestionen und Befehle eines Hypnotiseurs akzeptiert, kann überhaupt in Hypnose gelangen.

Mit Hilfe der Selbsthypnose kann jeder nach einigem Training sich selbst in einen Zustand tiefster Entspannung versetzen. Durch häufiges Üben gelingt die Umschaltung in den Entspannungszustand immer schneller und einfacher. Ist die sogenannte Entspannungstrance erreicht, kann jeder selbst entscheiden, ob diese Stufe der Selbsthypnose ausreicht, oder ob aus diesem Zustand heraus eine weitere Autosuggestion erfolgt, oder sogar eine tiefere Arbeit mit dem Unterbewusstsein erfolgen soll. Zum Entspannen reicht jedoch die erste Hypnosestufe, die Entspannungstrance, völlig aus. Wer dort einfach nur verweilt und die Ruhe genießt, verhilft damit Körper und Geist zu einer Tiefenentspannung und zu neuer Energie. Es gibt verschiedene Methoden zur Selbsthypnose. Als Entspannungstherapie haben sich insbesondere die Betty-Erickson-Methode und die Ideomotorik bewährt. Die Betty-Erickson-Methode wurde von der Ehefrau Milton Ericksons, der als Begründer der modernen Hypnotherapie gilt, entwickelt. Grundgedanke dieser Hypnose-Methode ist es, die Aufmerksamkeit über verschiedene Sinneskanäle zu fokussieren und sie dann von außen nach innen zu leiten. Im Laufe der Hypnosesitzung wird dann die Aufmerksamkeit auf eine entspannende Suggestion gelenkt und so der Entspannungszustand vertieft. Bei der Ideomotorik wird eine Suggestion in eine Muskelbewegung projiziert und so der Entspannungszustand erreicht und vertieft. Ein Beispiel soll diese Methode verdeutlichen: Als Autosuggestion wird ein absinkender Arm genommen, der die Tiefe des Entspannungszustand ausdrücken soll. Je tiefer der reale Arm sinkt, desto tiefer ist die Entspannung.

Selbsthypnose lässt sich sehr gut mit anderen Entspannungstechniken wie etwa dem autogenen Training kombinieren. Vielen gelingt es einfacher in den Zustand der Hypnose zu gelangen, wenn sie sich mental zuvor durch ein autogenes Training oder eine andere Entspannungstechnik darauf vorbereitet haben. Selbsthypnose erfordert jedoch einige Übung, bevor es gelingt sich selbst in einen Trancezustand zu versetzen. Anleitungen zur Selbsthypnose gibt es viele. Das Internet,

CDs, DVDs, Bücher oder ein Kurs in einer Hypnosepraxis erleichtern den Einstieg.

Phantasiereise

Die Phantasiereise ist eine imaginative Entspannungstechnik, bei der ein Therapeut oder ein Sprecher eine imaginäre Geschichte erzählt. Der Entspannungssuchende nimmt während des Erzählens eine bequeme und entspannte Haltung ein und stellt sich die erzählte Geschichte möglichst lebendig in seiner eigenen Phantasie vor. Wichtig dabei ist es, eine Geschichte auszuwählen, die beim Zuhörer möglichst viele angenehme Gefühle auslöst. Dazu soll die imaginäre Geschichte möglichst viele Sinnesebenen ansprechen. Phantasiereisen entspannen Körper und Seele und lösen beim Zuhörer ein Wohlbefinden aus. Diese Entspannungstechnik eignet sich gut zur Entspannung nach einem anstrengenden Tag oder nach extremer Stressbelastung. Phantasiereisen sind häufig ein fester Bestandteil auf Entspannungs-CDs und können daher gut zuhause und ohne die Hilfe eines Geschichtenerzählers zur Entspannung durchgeführt werden.

Mentales Training

Mentales Training oder ein mentales Coaching wird insbesondere in vielen Sportarten angewendet, oder auch zur Stärkung des Selbstbewusstseins. Ein mentales Training kann aber auch ganz gezielt als Entspannungstechnik eingesetzt werden. Das Training regt sogenannte „Kopfgespräche" an, durch die bestimmte Einstellungen und Glaubensmuster erkannt und verändert werden sollen. Als Entspannungstechnik eingesetzt, sollen durch ein mentales Training vornehmlich die Ursachen für Nervosität, Unruhe oder Stress ausgemacht werden, um anschließend die eigene Einstellung und den Umgang mit diesen Ursachen zu verändern. Durch das ständige Wiederho-

len dieses Trainings nehmen der innere Druck und die Anspannung ab und es kommt zu einer tiefen Entspannung. Wer
beispielsweise ständig unter Zeitdruck leidet und deshalb angespannt und gestresst ist, könnte durch selbstgestellte Fragen
die Gründe für den Zeitdruck herausarbeiten. „Was macht mir
Zeitdruck?", „Was muss ich heute noch alles erledigen?" sind
typische Fragen, die im Kopf gestellt werden könnten. Sind
die Ursachen bekannt, könnte das Kopfgespräch fortgeführt
werden, indem Fragen wie „Was wäre so schlimm, wenn ich
nicht alles schaffe?" oder „Welche Dinge können warten?"
gestellt werden. Die Technik des mentalen Trainings kann
über Selbsthilfe-Bücher erlernt werden oder zusammen mit
einem Entspannungs-Therapeuten absolviert werden.

Katathymes Bilderleben – Katathym-Imaginative Psycho-therapie (KIP)

Die Katathym-Imaginative-Psychotherapie (KIP) ist eine ei-
genständige Therapieform die nicht ausschließlich als Entspannungstherapie eingesetzt wird, sondern vornehmlich als
Hilfe bei der Bewältigung von akuten Herausforderungen und
Krisen und zur Aufarbeitung von Traumatas und Angstzu-
ständen eingesetzt wird. Daneben kann sie jedoch auch stress-
vorbeugend und entspannungsbringend genutzt werden.
Grundgedanke der KIP ist es, die kindlichen Bildwelten (Tag-
träume oder magische Bilder) auch für den Erwachsenen wieder aufleben zu lassen und damit der Psyche zu helfen, belas-
tende Dinge zu verarbeiten und zu einer neuen Ruhe und Gelassenheit zu finden. Die KIP arbeitet mit Tagträumen. In insgesamt drei Stufen setzen die Klienten sich mit imaginativen
Symbolen auseinander und lernen dabei neue Erlebens- und
Verhaltensmöglichkeiten. Die Übungen verleihen neue Kraft
und führen zu einer mentalen Beruhigung und Entspannung.
Die intensive Auseinandersetzung mit inneren Bildern be-
wirkt, dass Konfliktsituationen ruhiger und gelassener ge-

nommen werden und dient daher als Stressprävention. Typische Motive aus der KIP sind beispielsweise Wiese, Berg, Haus oder Fluss.

Die Übungen werden mit geschlossenen Augen ausgeführt. Vor Beginn der Übung wird zunächst das Atmen beruhigt und vertieft. Dann setzt sich der Patient innerlich mit einer Imagination auseinander. So könnten bei der Wiesenimagination folgende Fragen gestellt werden: Was können Sie riechen? Was können Sie hören? Welche Farben sehen Sie? Was würden Sie gerne berühren und welche Gefühle entstehen, wenn Sie sich die Wiese vorstellen? Was würden Sie gerne tun? Nach einer solchen Übung fühlt sich der Patient wach, energiegeladen und völlig entspannt.

Entspannungstechniken, die ohne Übung sofort angewendet werden können

Menschen, die dauerhaft unter Stress stehen, sich dauerhaft überfordert, abgeschlagen und ausgebrannt fühlen und bei denen sich womöglich erste stressbedingte körperliche Beschwerden zeigen, werden mit den kleinen Hilfsmitteln für eine schnelle Entspannung keinen dauerhaften Erfolg erzielen. Bei vielen aber gibt es neben Stress und Überforderung auch immer wieder Zeiten, in denen sie entspannter durchs Leben gehen. Nach kurzen Phasen der Ruhelosigkeit, nach anstrengenden Tagen, oder nach akutem aber kurzzeitigem Stress können einfache Entspannungstechniken, die ohne Übung und ohne großen Aufwand eingesetzt werden können, wahre Wunder bewirken.

Entspannungsmusik

Musik löst grundsätzlich viele Emotionen aus. Sie kann traurig machen oder berührend sein, sie kann aufheitern, die Lebensfreude steigern und Energie freisetzen. Musik kann aber auch entspannen und Stress abbauen. Doch nicht jede Musik eignet sich als wirkliche Entspannungsmusik. Soll Musik die Laune bessern und das Wohlbefinden positiv beeinflussen, ist Musik, die dem eigenen Musikgeschmack entspricht, sicherlich eine gute Wahl. Wirkliche Entspannungsmusik, die wissenschaftlich nachweisbar für Entspannung sorgt und Stress abbaut, muss hingegen einige Kriterien erfüllen, die aufgrund wissenschaftlicher Untersuchungen für die entspannende Wirkung sorgen. So eignet sich als anerkannte Entspannungsmusik nur reine Instrumentalmusik. Gesang scheint die entspannende Wirkung von Musik zu stören. Der Rhythmus von echter Entspannungsmusik ist konstant gleichbleibend. Tempoänderungen mindern die entspannende Wirkung. Das ideale Musiktempo liegt bei 60 bis 80 Schläge pro Minute. Das entspricht dem natürlichen Herzschlag und vertieft die entspannende Wirkung. Erstaunlicherweise eignen sich viele klassische Werke hervorragend als Entspannungsmusik und das auch bei Menschen, die eigentlich niemals Klassik hören. Ähnlich wie Phantasiereisen ist Entspannungsmusik eine Entspannungstechnik, die sich bestens zur schnellen Entspannung zuhause eignet und die ganz ohne Übung und Vorkenntnisse angewandt werden kann.

Aromatherapie

Die Aromatherapie ist eine alte Heilkunst, die schon seit langem als ein beliebtes Verfahren in der Naturheilkunde zur Linderung der unterschiedlichsten Beschwerden eingesetzt wird. Warum ätherische Öle und insbesondere deren Duftstoffe positiv auf Körper und Seele einwirken, ist bis heute wissenschaftlich nicht vollständig nachgewiesen. Doch wird die Aromatherapie zunehmend mehr als unterstützende Heilmethode in Kliniken und ganz allgemein in der Schulmedizin eingesetzt. Auch als Entspannungstechnik hat sich die Aromatherapie bewährt. Sie gehört daher zum festen Programm vieler Wellness-Angebote und kann auch gut zur Entspannung zuhause genutzt werden. Ätherische Öle haben eine sehr komplexe Wirkung. Nicht zuletzt deswegen ist es so schwierig ihre Wirksamkeit wissenschaftlich nachzuweisen. Ihre Moleküle gelangen durch Einatmen über die Schleimhäute der Nase in den Blutkreislauf. Ein direkter Kontakt ätherischer Öle mit der Haut oder den Schleimhäuten sollte indes unbedingt vermieden werden. Dazu sind die natürlichen Öle viel zu komplex und intensiv. Die wohl einfachste und bekannteste Methode zur Anwendung der Aromatherapie ist die Duftlampe. Dazu wird Wasser mit einigen Tropfen Öl in eine Schale gegeben. Darunter wird ein Teelicht oder eine Kerze platziert, sodass die Duftstoffe aus den ätherischen Öle über die Erwärmung in die Luft gelangen und einen angenehmen Raumduft verströmen, der über die Nasenschleimhaut aufgenommen wird. Andere Möglichkeiten zur Anwendung der Aromatherapie bieten elektrische Raumbedufter. Auch als Badezusatz können bestimmte ätherische Öle für Entspannung sorgen. Dazu werden einfach nur einige Tropfen Öl in das heiße Badewasser gegeben. Der Aromatherapie wird allgemein eine entspannende Wirkung nachgesagt, denn egal, welches ätherische Öl angewendet wird, die Aromatherapie sorgt immer für ein besseres Wohlbefinden, welches wiederum die Entspannung fördert. Einige ätherische Öle eignen sich jedoch besonders gut, um gezielt die Entspannung zur fördern. Dazu gehört Lavendelöl, das eine hohe entspannende und beruhigende Wirkung zeigt. Auch Neroli Öl eignet sich hervorragend, denn es wirkt stimmungsaufhellend und beruhigend. Neroli Öl wird aus Orangenblüten gewonnen. Sandelholz Öl wird von einem indischen Baum gewonnen und wirkt ebenfalls beruhigend und entspannend.

Heiße Entspannungsbäder und Sauna

Ein heißes Bad nach einem anstrengend Tag kennt wohl jeder als Hausmittel gegen Stress und Anstrengung und ein Entspannungsbad ist nicht zu Unrecht so beliebt. Wärme entspannt die Muskulatur und wirkt damit auch entspannend auf Geist und Seele. Körper und Psyche kommen durch die behagliche Atmosphäre zur Ruhe. Die entspannende Wirkung eines heißen Bades kann durch die Zugabe von Badezusätzen und dabei insbesondere durch die Zugabe von ätherischen Ölen in das Badewasser erhöht werden. Auch das Ambiente wirkt sich auf die Psyche aus. Ein Bad in einer behaglichen Atmosphäre wirkt entspannender, als ein heißes Bad in einem kalten und ungemütlichen Ambiente. Auch das heimische Bad sollte daher nicht als Stiefkind in der Wohnung behandelt werden und so hergerichtet werden, dass der Aufenthalt im Bad als angenehm und behaglich empfunden wird.

Eine ähnliche Wirkung wie das heiße Bad, hat auch ein Saunabesuch. Die Sauna hat sich nicht nur zur Stärkung des Immunsystems bewährt, sondern ist auch als bewusste Entspannungstherapie zu empfehlen. Die Wärme und die behagliche und ruhige Atmosphäre in der Sauna lässt Alltagsstress, Unruhe und Abgeschlagenheit schnell verschwinden. Körper und Geist kommen in der Sauna zur Ruhe und zu einer tiefen Entspannung. Gleichzeitig wirkt ein Saunabesuch belebend und energiespendend.

(Schnelle) Entspannungshilfen für zwischendurch

Stress und Anspannung gehört für viele Menschen zum Alltag. Wenn alles zu viel wird und die Lebensfreude schon auf der Strecke bleibt, weil der Alltagsstress das Leben bestimmt und anstrengend macht, hilft meist schon eine kleine Auszeit von dem täglichen Einerlei, um wieder entspannt, ruhig und mit dem nötigen Abstand weitermachen zu können. Schnelle und ganz einfache Entspannungstechniken, die jeder überall und einfach einmal zwischendurch anwenden kann, sorgen für eine kleine Auszeit vom Alltag. Sie helfen dabei, Termine, wichtige Erledigungen und Aufgaben kurzzeitig einmal zu vergessen und zur inneren Ruhe und Gelassenheit zurückzufinden, um dann entspannt weitermachen zu können.

Etwas trinken, etwas lesen, sich unterhalten, an schöne Dinge und Erfahrungen denken, Dehnübungen für zwischendurch

Kurze Entspannungspausen im Alltag verleihen wieder neue Energie und Kraft, um den täglichen Aufgaben gewachsen zu sein. Eine kurze Auszeit entspannt Körper und Geist. Wichtige Dinge, die noch zu erledigen sind, ein voller Terminkalender oder eine anstrengende Arbeit werden nach einer kurzen Pause mit mehr Energie und einer größeren Gelassenheit angegangen. Körper und Geist lassen sich oftmals mit trivialen Dingen entspannen, ohne dass dazu viel Zeit oder eine aufwendige Entspannungstechnik notwendig wären. So hilft es manchmal schon, die Arbeit für einen Moment zu unterbrechen und etwas zu trinken. Wird dabei ein Getränk mit einem hohen Genussfaktor gewählt, wirkt sich das schon entspannend aus. Eine Tasse Kaffee, eine heiße Schokolade oder ein besonderer Tee in Ruhe genossen wirkt meist schon Wunder. Wer sich für ein paar Minuten bewusst aus dem Alltagsgeschehen rauszieht und etwas Interessantes liest, an schöne Dinge oder Erlebnisse zurückdenkt oder mit jemanden eine nette Unterhaltung oder ein nettes Telefonat führt, gönnt sich eine kleine Auszeit, die enorm entspannen kann. Mentale Entspannung hat viel mit Gedanken und Gefühlen zu tun. Kreisen die Gedanken ständig um Dinge, die noch erledigt werden müssen, stellt sich schnell ein Gefühl der Überforderung, der Anspannung und des Unwohlseins ein. Wer nicht loslassen kann stresst sich daher selber. Wer für viele Stunden nahezu bewegungslos und in einer angespannten Haltung seine Arbeit verrichtet, kann auch schon durch einfache Dehnübungen den Körper und damit auch den Geist entspannen. Kleine Dehnübungen lassen sich auch am Schreibtisch und sogar an einer roten Ampel im Auto absolvieren.

Malen und musizieren

Jede musisch-künstlerische Tätigkeit kann auch als Entspannungsmethode wirksam eingesetzt werden und das auch von Menschen ohne jedes Talent dazu. Derartige Tätigkeiten wirken sich beruhigend, entspannend und aufheiternd auf die Psyche aus. Das ist wissenschaftlich nachweisbar. Nicht jeder ist musikalisch und beherrscht ein Instrument und nicht jeder kann zeichnen, malen oder modellieren. Wer nicht musizieren kann, kann stattdessen singen. Das muss sich nicht schon anhören, befreit jedoch die Seele und wirkt dadurch entspannend. Das typische Klischee vom Singen in der Badewanne, hat also durchaus seine Berechtigung. Wer in der Badewanne singt, kombiniert damit gleich zwei Entspannungsmethoden – das heiße und wohltuende Bad und das befreiende Singen.

Auch das Malen hat eine beruhigende und entspannende Wirkung auf Körper und Geist. Malen gehört daher fest zum

Therapieplan vieler psychotherapeutischer Behandlungen. Die therapeutische und entspannende Wirksamkeit des Malens ist wie beim Musizieren nicht vom Talent abhängig, sondern ergibt sich aus der intensiven und kreativen Auseinandersetzung mit Formen und Farben. Der Geist wird dadurch frei von allen Lasten, findet langsam zur Ruhe und entspannt sich.

Eine besondere Form des Entspannungsmalen bieten Mandalas. Mandala ist die tibetische Bedeutung für „vom Zentrum ausgehend" und beschreibt damit genau die Besonderheit von Mandalas. Ein Mandala ist ein zumeist kreisförmiges Bild oder Ornament aus figuralen oder geometrischen Figuren, die sich von der Mitte des Bildes bis zum Bildrand erstrecken. Mandalas sind aus dem Buddhismus bekannt und werden dort unter anderem auch zu Meditationszwecken genutzt. In ihrer spirituellen Anwendung werden sie nach Vorlage gelegt, gemalt oder mit Sand gestreut. Bei uns dienen sie zumeist, als Papiervorlage zum Ausmalen, dem Entspannungsmalen. Beim Mandala werden die Symbole mit bunten Farben, ähnlich wie bei einem Malbuch, ausgemalt. Dabei beruhigt sich der Gedankenfluss und die Kreativität und Konzentration werden gefördert und gesteigert. Daher wirkt das Ausmalen von Mandalas beruhigend und entspannend und ist eine gute Methode zum Stressabbau. Ähnlich wie die Mandalas kann auch der neue Trend der Malbücher für Erwachsene zum Entspannen genutzt werden. Beim Entspannungsmalen geht es nicht um Perfektion und Schönheit und auch nicht um die Schnelligkeit beim Ausmalen. Mehr als um das Malen an sich geht es um die ungestörte Zeit, die man dabei nur mit sich selbst verbringt. Entspannungsmalen sollte daher immer an einem ruhigen und ungestörten Ort stattfinden.

Atemtechniken zum kurzzeitigen Entspannen

Kleine Auszeiten sind für Körper und Geist gleichermaßen wichtig. Wer physisch und/oder mental niemals zur Ruhe kommt, gerät unter Stress. Für den Organismus und die Psyche sind aber kurze Regenerationspausen wichtig, um gesund zu bleiben. Körper und Geist können sich nur dann regenerieren, wenn der Kopf frei ist und nichts mehr da ist, über das wir uns Gedanken machen müssen. Um den Kopf einfach einmal frei von allem zu bekommen, zur inneren und äußeren Ruhe zurückzufinden und damit ein tiefes Gefühl der Entspannung zu erleben, gibt es spezielle Entspannungstechniken, die mit etwas Übung täglich durchgeführt werden können und für eine kurze Auszeit aus dem Alltagsgeschehen sorgen.

Atmen spüren

Atmung und Psyche sind eng miteinander verbunden. Eine ruhige und tiefe Atmung erzeugt innere Ruhe und Gelassenheit und hilft dabei innerlich loszulassen und ein tiefes Gefühl der Entspannung zu empfinden. Daher ist die richtige Atmung in vielen Entspannungstechniken ein wesentlicher Bestandteil, der bewusst erlernt und eingeübt werden muss. Die Atmung kann daher auch als spezielle Entspannungsmethode für eine kurze Auszeit genutzt werden. Für diese Übung ist eine bequeme Sitzhaltung einzunehmen. Der Entspannungssuchende konzentriert sich nun nur auf seine Atmung. Dabei ist es wichtig, die Atmung nicht bewusst zu kontrollieren, sondern nur zu spüren. Der Atem soll ein- und ausströmen, wie er von selbst fließt. Wer sich voll auf den natürlichen Atemfluss konzentriert, spürt schnell, dass der Kopf von allen

Gedanken befreit wird und Körper und Geist allmählich entspannen.

Atem zählen

Das „Atem zählen" ist eine Abwandlung der vorherigen Übung. Auch dabei liegt der Fokus auf einer tiefen und entspannten Atmung, die schließlich den ganzen Körper und die Psyche erfasst und zu einem tiefen Gefühl der Entspannung führt. In bequemer Sitzposition richtet sich die volle Konzentration auf den Atem, bis sich schließlich ein tiefes Ein- und Ausatmen einstellt. Nun wird beim Ausatmen jeder Atemzug von 10 bis 0 rückwärts gezählt. Mit etwas Übung reicht schon das einmalige Rückwärtszählen, um auf schnelle Art entspannen zu können. Auch das „Atem zählen" kann überall als Entspannungsübung für zwischendurch eingesetzt werden.

Yoga Atmung

Die Yoga Atmung wird auch volle Atmung genannt. Mit dieser Atemtechnik werden Blockaden gelöst und eine tiefe Entspannung erreicht. Sie lässt wieder neue Lebensenergien durch den Körper fließen und verleiht innerhalb weniger Minuten eine neues Körpergefühl in absoluter innerer Ruhe. Mit der Yoga Atmung wird der gesamte Atemraum in drei Schritten genutzt. Die Atemübung wird am besten und einfachsten im Liegen erlernt. Das Einatmen erfolgt im Bauch. Der Atem breitet sich dann langsam bis in den Brustraum aus und reicht zuletzt bis in die Lungenspitzen. Das Ausatmen beginnt ebenfalls im Bauchraum und nimmt dann, wie das Einatmen seinen Weg über den Brustraum bis hin zu den Lungenspitzen. Um den gesamten Atemablauf richtig zu erspüren, wird beim Einüben der Yoga Atmung die rechte Hand auf den Bauch gelegt. Geübte legen die Hände während der Atemübung neben dem Körper ab. Die Atmung wird als fließender Strom durch den Körper visualisiert. So entspannt die Muskulatur schon innerhalb weniger Minuten und Körper und Geist erfahren eine Tiefenentspannung. Wie der Name schon vermuten lässt, ist diese Atemübung aus den Yoga Techniken entstanden.

Entspannung fördern und nicht verhindern

Entspannung ist für einen gesunden Körper und einen gesunden Geist absolut notwendig. Der menschliche Organismus ist nicht für dauerhafte Höchstleistungen gemacht. Nach einer Phase der Anstrengung muss auch wieder eine Phase der Entspannung kommen, damit sich Körper und Geist regenerieren können und zu neuer Energie zurückfinden. Entspannung ist jedoch ein Zustand, der sehr anfällig für jede Art von Störung ist. Menschen, die aufgrund äußerer Einflüsse und Lebensumständen nicht im inneren Gleichgewicht mit sich selbst sind, werden stressanfällig und finden ohne Hilfe nicht mehr zurück in ein Gefühl der Entspannung. Entspannungstechniken können wirkungsvoll dabei helfen, Körper und Geist wieder zurück in die Entspannung zu bringen und so die notwendige Zeit zur Regeneration zu finden. Entspannungstechniken fördern also die Entspannung. Die Wirkung von Entspannungstechniken kann jedoch auch durch den Entspannungssuchenden selbst boykottiert werden. Daher sollten bei der Anwendung einer jeden Entspannungstechnik einige Regeln beachtet werden:

1. Entspannung passiert nicht auf Knopfdruck

Entspannung ist ein natürliche und notwendiges Empfinden, damit Körper und Geist gesund bleiben. Doch kann Entspannung nicht per Knopfdruck erzwungen werden. Wer sich damit unter Druck setzt Entspannung zu finden, wird damit keinen Erfolg haben. Entspannung tritt nur dann ein, wenn alles dafür getan wird, die notwendige Entspannung auch finden zu können. Für Körper und Geist müssen die Bedingungen so geschaffen werden, dass sie entspannen können. Das bedeutet, die Konzentration sollte nur auf das Jetzt und Hier gerichtet sein. Wird eine bestimmte Entspannungstechnik angewandt, konzentrieren sich alle Gedanken nur auf diese. Alle anderen Gedanken und insbesondere der Gedanke mithilfe der Entspannungsübung endlich auch Entspannung finden zu müssen, sollten hingegen ausgeblendet werden.

2. Entspannung stellt sich nicht sofort ein

Die meisten Entspannungstechniken erfordern einige Übung, bevor erste Erfolge spürbar sind. Selbst kleine Entspannungshilfen zur Selbstanwendung wie das Atmen bringen nicht immer beim ersten Ausprobieren den gewünschten Erfolg. Komplexe Techniken, wie etwa das autogene Training, Yoga oder Tai Chi erfordern eine intensive Übung, bevor sie eine tiefe Entspannung bringen. Alle Techniken müssen daher regelmäßig und mit der notwendigen Geduld angewendet werden. Wer also erwartet gleich nach der ersten Übungsstunde dauerentspannt nach Hause zu gehen, wird enttäuscht sein. Entspannung finden ist in erster Linie eine Frage der inneren Einstellung und nicht eine Frage der Technik. Jede Entspannungstechnik ist ein möglicher Weg Entspannung zu finden. Doch jeder muss für sich selbst herausfinden, welcher Weg der richtige ist und diesem als ein wichtiger Bestandteil einen festen Platz in seinem Leben einräumen.

Urlaub, Hobbies und Alltagsgestaltung

Nahezu jeder erwachsene Mensch führt ein Leben voll mit Verpflichtungen und Aufgaben, die täglich, oder zumindest regelmäßig, erledigt werden müssen. Arbeit und Privatleben müssen unter einen Hut gebracht werden. Im Job sind viele täglich einem enormen Druck und zahlreichen Stresssituationen ausgesetzt. Kinder, Lebenspartner, Freunde und Familie dürfen nicht zu kurz kommen, der Haushalt muss erledigt und Einkäufe getätigt werden. Dazu kommen zahlreiche weitere Dinge, an die gedacht werden muss, die erledigt und organisiert werden müssen. Zeit zum Entspannen bleibt also wenig, der Stressfaktor im Alltag ist dafür umso höher.

Urlaub

Entspannungstechniken können für mehr Ruhe und Gelassenheit bei der Bewältigung des Alltags sorgen. Körper und Geist beruhigen und entspannen sich und erhalten so wieder neue Energien, um den Anforderungen des Alltags gerecht zu werden. Entspannungsübungen verschaffen eine Auszeit vom Alltagsstress, in der nur das eigene Wohlbefinden eine Rolle spielt. Doch auch die beste Entspannungstechnik sorgt nicht für einen dauerhaft entspannten Alltag. Vielen Menschen ist daher ein regelmäßiger Urlaub heilig. Raus aus dem Alltag, neue Eindrücke aufnehmen, ausspannen und die Seele baumeln lassen – das sind die Wünsche, die die meisten mit einem Urlaub verbinden. Urlaub ist daher eine wichtige Entspannungshilfe für alle, die unter Alltagsstress leiden. Dabei muss es nicht die exotische Fernreise sein und auch nicht der exklusive Wellness-Urlaub. Zur Entspannung reicht es völlig aus, wenn der Alltag einfach einmal für eine Weile vergessen werden kann und man sich zumindest weitgehend von allen Verpflichtungen befreien kann.

Es ist durchaus sinnvoll, dass jeder Arbeitnehmer einen gesetzlichen Anspruch auf Urlaub hat. Doch der sollte auch zur Erholung und Entspannung genutzt werden. Auch wer während des Urlaubs zuhause bleibt, sollte die freien Tage zur

Entspannung nutzen. Es ist nicht sinnvoll, im Urlaub alle nicht erledigten Dinge abzuarbeiten und sich so neuen Stress zu bereiten. Urlaub in jeglicher Form sollte als Entspannungszeit genutzt werden, denn nur so können neue Energien für den stressigen Alltag gewonnen werden.

Hobbies

Es gibt Menschen, die ausgiebig einem bestimmten Hobby nachgehen. Sie verbringen jede frei Minute mit ihrem Hobby, sodass es anderen oftmals so erscheint, als interessierten sich diese Menschen für nichts anderes als ihr Hobby. Was manchmal sogar belächelt wird, ist aber eine wirksame Entspannungsstrategie. Alles, was der Mensch gerne, freiwillig und ohne Zeit- und sonstigem Druck tut, tut auch der Seele gut und ist damit eine hervorragende Entspannungsmethode. Es ist völlig egal, ob es sich dabei um eine sportliche Aktivität, Gartenarbeit, Basteln oder gar die Briefmarkensammlung handelt. Der Effekt ist mit dem einer guten Entspannungstechnik gleichzusetzen. Die Gedanken lösen sich von allem und fokussieren sich auf das Hobby. So stellt sich eine mentale Entspannung ein, die gesund für Körper und Seele ist.

Alltagsgestaltung

Unser modernes Leben setzt uns vielen Anforderungen und Zwängen aus. Vieles davon kann der einzelne Mensch nur schwer oder gar nicht abwenden oder verändern. Wer arbeitet kann sich dem Druck und Arbeitsstress nicht einfach entziehen. Wer Kinder hat, kann sich den damit verbundenen Sorgen, dem manchmal aufkommenden Ärger und Stress und der damit verbundenen Arbeit ebenfalls nicht entziehen. Doch viele Alltagsbelastungen erlegt sich jeder selbst auf und sorgt damit für zusätzlichen Stress. Viele Entspannungstechniken, insbesondere die aus dem asiatischen Raum, haben einen spi-

DISCLAIMER

Die Inhalte dieses Buches wurden mit größter Sorgfalt erstellt. Für die Richtigkeit, Vollständigkeit und Aktualität der Inhalte können wir jedoch keine Gewähr übernehmen.

Dieses Buch enthält Links zu externen Webseiten Dritter, auf deren Inhalte wir keinen Einfluss haben. Deshalb können wir für diese fremden Inhalte auch keine Gewähr übernehmen. Für die Inhalte der verlinkten Seiten ist stets der jeweilige Anbieter oder Betreiber der Seiten verantwortlich.

Die verlinkten Seiten wurden zum Zeitpunkt der Verlinkung auf mögliche Rechtsverstöße überprüft. Rechtswidrige Inhalte waren zum Zeitpunkt der Verlinkung nicht erkennbar. Eine permanente inhaltliche Kontrolle der verlinkten Seiten ist jedoch ohne konkrete Anhaltspunkte einer Rechtsverletzung nicht zumutbar. Bei Bekanntwerden von Rechtsverletzungen werden wir derartige Links umgehend entfernen.

Das neue Selfpublishing-Portal **für AutorInnen und für LeserInnen.** Seien Sie dabei! Publizieren Sie als AutorIn in einem thematisch stimmigen Umfeld mit der Unterstützung eines erfahrenen Verlagshauses und entdecken Sie als LeserIn jeden Tag als erste/r neue Themen und Trends.

www.tao.de | info@tao.de

tao.de ist ein Tochterunternehmen der J.Kamphausen Mediengruppe

AURUM ǀkamphausen Lebensbaum Lüchow ①THESEUS

rituellen Hintergrund. Ziel ist es, Körper und Geist in Einklang zu bringen und zu einer tiefen Entspannung und Ruhe zu bringen. Wer sich dazu entscheidet mehr Ruhe und Entspannung in sein Leben zu bringen und diesen Zustand mithilfe einer Entspannungstechnik zu erreichen versucht, tut gut daran, auch seine Alltagsgestaltung zu überdenken. Bei jedem gibt es viele Dinge, die auch mit mehr Gelassenheit und weniger selbstauferlegtem Zeitdruck zu erledigen sind. Einige Entspannungstechniken wie das autogene Training oder die Meditation gehen so weit, dass auch das eigene Ich hinterfragt wird, das Einstellungen und Überzeugungen auf die Waagschale geworfen und verändert werden. Wer sich für eine solche Entspannungstechnik entscheidet, wird im Laufe der Zeit damit beginnen, kleine Dinge im Alltag anders zu sehen und anders zu gestalten. Doch auch wer eine andere Entspannungsmethode wählt, tut gut daran sich zumindest von einem Teil des selbst auferlegten Ballastes im Alltag zu befreien.